速效说服心理学

胡志泉◎著

吉林出版集团股份有限公司

图书在版编目（CIP）数据

速效说服心理学 / 胡志泉著 . —长春：吉林出版集团股份有限公司，
2017.10

ISBN 978-7-5581-3653-5

Ⅰ.①速… Ⅱ.①胡… Ⅲ.①说服—语言艺术—通俗读物 Ⅳ.① H019-49

中国版本图书馆 CIP 数据核字（2017）第 242954 号

速效说服心理学

著　　者	胡志泉
策划编辑	宿春礼
责任编辑	齐　琳　史俊南
封面设计	颜　森
开　　本	710mm×1000mm　1/16
字　　数	230 千字
印　　张	14
版　　次	2018 年 3 月第 1 版
印　　次	2019 年 6 月第 2 次印刷

出　　版	吉林出版集团股份有限公司
电　　话	总编办：010-63109269
	发行部：010-69584388
印　　刷	三河市东兴印刷有限公司

ISBN 978-7-5581-3653-5　　　　　　　　定价：32.00 元

如出现印装质量问题，调换联系电话：010-82865588

前言
PREFACE

克莱斯勒汽车公司前主席兼总裁李·艾柯卡曾说过，你可能拥有非常出色的想法，但是如果你不能清晰准确地表达出来，不能说服其他人，那么你的想法将一无是处。

当今社会，科技日新月异，竞争日趋激烈，人们的工作节奏越来越快，每时每刻，我们都在为了各种事情绞尽脑汁，比如小心翼翼地与老板商量加薪；在菜市场里与小商贩讨价还价；在谈判桌前与客户进行谈判；在饭桌前与爱人讨论周末去哪里郊游；让在电视机前看动画片的孩子去做作业，这些其实都是在说服他人。也就是说，说服他人的事情每天都在发生。

我们发现，虽然说服他人的事情每天都在发生，但是绝大多数人并没有因此而锻炼出非凡的说服能力。我们所具有的说服力并不能很好地应付现有的生活，我们的说服技巧永远只有最简单的那几个。我们做梦都希望自己拥有一种能很快说服他人的说服能力。

心理学家研究认为，说服别人靠的不仅是渊博的知识，更靠准确地掌握对方的心理并施以适当的技巧。也就是说，抓住他人心理的难点不仅在于见识和表达能力，也不仅在于有没有直抒己见的胆量，更在于能否看透对方的内心，并在此基础上巧妙地提出自己的看法，说服对方，让对方服从于自己的意愿。

美国著名心理学家博恩·崔西曾说，心理学在说服他人过程中起到的作用，不在于挖掘对方的内心隐私，更不是通过心理学效应控制对方，而在于轻松地把心理学的一些原理融入我们的日常生活、沟通、销售和管理中。

　　本书将现代心理学理论与传统的社交技巧、口才学融合在一起，总结了一套符合心理学基本原理的有效的说服方法。通过本书呈现给您的这套说服方法，您可以学习到无数种行之有效的说服技巧，改良自己已经掌握的一些说服技巧，找到最适合自己的说服套路，从而获得超强的说服能力；在工作、生活、社交中，迅速找到与对方共同感兴趣的内容，并自然地展开话题，建立融洽的人际关系，从而顺利说服对方接受你的观点或者赢得对方的信任与支持。

目 录
CONTENTS

第三章
看透身体语言，运用不同说服术

第四章
取得信任，迅速展开说服策略

第五章
从人性弱点处下手，进行说服

第六章
获取内在认同，打开对方心门

第七章
因势利导，瓦解对方心理防线

第八章
让你的说服对象意识疲倦混乱

第十一章
身处逆境，如何摆脱不利局面

第十二章
营造强大气场，让你转败为胜

第十三章
用对方软肋瞬间说服对方

掌握心理暗示，轻松说服他人

撼动人心的导弹：心理暗示

我们在日常生活中经常会遭遇到类似心理暗示的情况，比如推销员巧舌如簧让你不知不觉动心，偶像明星的倾情表演让你如痴如醉，商界领袖的精彩演讲让你拍手叫好……这些实际上都在无形中使用了心理暗示式的说服方法，深刻地影响着我们的生活。

心理暗示可以让人进入某种注意力高度集中的状态，改变我们的意识状态，让我们依赖自己的潜意识判断事物。

心理暗示是一种深层次的说服方法，就如同万物最原始的快乐与自在，就如同佛教之坐禅，就如同瑜伽之修行法，这种说服方法已经被越来越多地有效运用。

潜意识是一个非理性区域，在这里运作的是人类深层次的欲望和记忆。潜意识的力量比意识大3万倍以上，如果我们要激发潜能，就要首先去激发和改变我们的潜意识，善用潜意识来帮助我们成功。

影响潜意识主要有三种方法，第一个方法就是依靠视觉的力

量，将目标视觉化；第二个方法是运用听觉的力量，对自己进行心理暗示与自我确认；第三个方法是引导成功法，你可以将一些积极的自我心理暗示的录音带，在每天早晨与晚上反复播放聆听，通过反复的心理暗示来影响你的潜意识。

积极地暗示他人，可以帮助对方放松以及缓解压力；积极地暗示自己，不但可以帮助自己恢复体力、解除压力、保持宁静的心灵以及让自己拥有一种愉悦的心情，而且还可以提升自己的生活品质和精神状态。经过自我的积极心理暗示，拥有正面的心态后，做起事情来就会非常有效率。一个顶尖的销售人员每天都要去花时间对自己进行心理暗示，面带微笑、充满自信，毫无恐惧地面对客户、说服他人，进而极大地增强销售的效果。

潜意识的三个层次

潜意识理论是著名的心理学家、精神分析的创始人弗洛伊德提出的一个重要理论，也被形象地称为"冰山理论"。这个理论本来只用于心理学领域，后来被广泛应用于历史、文学、影视、美术、医学等领域，在心理暗示理论里，潜意识理论也起着非常重要的作用。只有弄明白了潜意识理论，才能够真正懂得心理暗示的原理。

弗洛伊德认为，人的心理就像海面上的冰山，在水面上露出来的只是很小的一部分，大部分处于水面之下。水面上的就是我们能意识到的，叫意识；水面下的则是我们不能意识到的，叫潜意识。同时在这二者之间存在着一个前意识，如同冰山与水面交界的那部分一样，前意识游离于意识与潜意识间，可能转化为意识，也可能转化为潜意识。

这三个层次组成一个动态心理结构，它们始终处在相互渗透、流动变化之中。如果三者处在协调平衡状态，就是正常人的心理结构，具有常态的性质。如果三者处在不平衡的紊乱状态，就是非正常人的心理结构。

潜意识是整个心理活动的大部分，每时每刻都在追求着满足。它是人的本能冲动、被压抑的欲望和本能冲动替代物的贮藏库，它不受客观现实的调节，而是由自己的本能来决定的。在一定条件下有一部分潜意识会进入意识，另外一部分则永远不能被察觉。潜意识对人们的行为和思想往往起着决定性的作用。

弗洛伊德非常看重潜意识的作用，他认为潜意识在某种程度上决定着人的发展，所以他把精力主要用于对人的潜意识的研究。他的这种认识曾被欧美许多学者运用和发展，成为精神分析学说的基本概念。

潜意识作用说指出，心理暗示现象的原理在于暗示者设法减弱了被暗示者的意识作用，使被暗示者的潜意识部分被打开，使被暗示者的潜意识由此接纳暗示。也就是说，在心理暗示状态中，被暗示者被动地接受暗示，主要是其潜意识对暗示者的心理暗示进行感应，所以没有自觉性与自主性，完全听从于暗示者的命令。若在清醒状态，意识作用占主导地位，潜意识被压抑下去，则不再感应暗示。

暗示就是说服对方的潜意识

心理暗示听起来是一件非常神秘的事情，实际上，从本质上说，心理暗示只不过是暗示者利用心理效应与被暗示者的潜意识

进行沟通罢了，使得对方遵从自己，以此达到说服的目的。

据心理学家统计，在一个人清醒的时候，平均75分钟就要进入一次心理暗示状态，你是否有时在坐公车时坐着坐着就瞌睡了？开车有时候会忘了转弯？当一个人意识模糊的时候，就进入了心理暗示状态。当一个人进入心理暗示状态的时候他的潜意识就打开了，所以意识跟潜意识不大能够并存，意识越弱的时候，潜意识越强，意识超常的时候，潜意识越弱。

善于用脑的人其潜意识通常较弱，而潜意识较强的人的第六感觉也较强。女性的潜意识比男性发达，潜意识对于她们非常重要。善于运用潜意识，不管在哪个方面都会感受到明显的好处。

当你和一个人交流时，如果你足够优秀，对方听你说话就会很顺畅，会自然而然地按照你的想法做事，不会产生抗拒心理。这就是典型的潜意识引导。如何去提示引导一个人呢？在做提示引导的时候，请你避免引起一个人的负面连接。

什么叫负面连接呢？比如，现在请你不要想象一朵黑色的云朵，不要想象它飘过来了。你现在大脑里是不是会正想着黑色的云朵飘过来呢？虽然得到的提示是不要做什么，可是由于表达方式的问题，产生了完全不同的效果。

实际上，提示引导的方式有两种方式，一种方式叫作因果提示——诸如"而且、并且"；另一种方式就是一种标准的心理暗示语言——诸如"会让你、会使你"。

假设你是销售房地产的，你可以设计一种沟通方式，让你能够在不断叙述的情况下说服对方，你可以说："张小姐，你在听我跟你介绍房子的优点的时候，就会开始注意到你如果住到这个房子里面将会有多么舒服。"这句话顺畅且不易引起抗拒。

提示引导常常是因为之前叙述一些事情，讲的是前因，要把后果连接起来，后果是要传达某个信息。这时候可以用"而且""并且"来连接，例如，"张先生，我知道你现在正在考虑价格的问题，而且你也会了解品质跟价钱没有办法兼得，因为一分钱一分货。"

提示引导最好的方式就是使用暗示语言"会让你"或"会使你"，例如，"当你正在考虑要买保险的时候，会让你想象到给你的家人和孩子一份安全的保障是多么重要。"这种说法会将顾客的抗拒程度降低很多。

提示引导有两条原则，第一，不要和他人说"不能什么"；第二，把前因后果用一些连接词连接起来，然后去叙述他同意的事情，不断地叙述重复他现在目前的身体状态、心理状态。这样就能通过充满心理暗示的语言说服对方的潜意识了。

对比原理，让说服更有力

在你准备说服一位女士，向她推销你手上的护手霜时，你应该怎么说才能让这位女士买你的产品呢？

如果你没学过心理暗示，可能很难找到合适的答案，如果你懂得心理暗示的方法，这问题就很简单了。答案是不要问"你要不要买护手霜"，而是拿出两个牌子的护手霜问她："像您这么美丽的女性一定会用护手霜吧，我这里有两个牌子的护手霜，效果都特别的好，你喜欢哪种呢？"

同样，在你想追一个女生，想请她看电影时，不要问对方有没有空、会不会去，因为问一个人去不去看电影，你会得到两个答案：去或不去，但如果你问"我们周六去看电影还是周日？"这就是一种心理暗示方法，暗示对方只有这两个选择，这种情况下，对方很少会做出选项之外的选择。

这个方法在心理暗示里常常使用，当然这个方法也有适当的使用时间，没有进入最后阶段，不要动不动就使用二选一法则，对方尚未了解你到底要跟他沟通什么，销售什么，还未产生兴趣，你突然问他打算什么时候买保险，只能让自己碰一鼻子灰，所以使用二选一的方法是要讲究时机和顺序的。

对比原理则是另外一种潜意识的说服，应用于生活与事业当中效果非常明显。有一个真实的故事，美国有一个12岁的小姑娘，想买一辆自行车，父母要她自己去赚钱，她利用暑假、寒假、放学的时间去卖饼干，竟然在一年时间卖出了4万包。

公司的人发现全公司都没有人能卖出这么多饼干，这个12岁的小女孩只是打工竟然打破全公司纪录，心理学家开始研究那个小女孩是怎么做到的，研究之后发现小女孩用了对比原理。

她准备了一张价值30元的彩票，她每次去敲人家门的时候，卖的是彩票，她一敲门就先自我介绍说自己想要买一辆自行车，放假时间来卖彩票，花30元买张彩票，如果你运气好可以赚到100万。大家都觉得彩票太贵，但她一直坚持说服人家，大家都很同情她，但都说太贵了。

这时女孩马上拿出10包饼干，一副很可怜的样子说："那这里有10包饼干，只需要2元，你买吧？"马上就会有人买了，她就是用对比原理，一下子卖掉了10包饼干。对比原理最适合使用在与数字有关的方面，小女孩用30元跟2元做比较，价格即是数字。

数字也可以是时间，假如你说服他人"投资一年付1000元，一年有365天，一天投资不到3元，张先生，你看一看，一天不到3元，一天买一包烟都要10元，一天只要投资三分之一包烟的价钱，你就可以获得可观的财富"。把他的投资金额缩小了，特别强调1000元跟3元差300倍，这就是对比原理。

所有的沟通都是暗示

从本质上说，暗示者通过心理暗示的方式对被暗示者进行暗示时，就是在与对方的潜意识进行沟通。暗示者使用的心理暗示方式分为直接心理暗示与间接心理暗示，通过心理暗示，暗示者可以激发出被暗示者原有的但自己没有觉察到的潜能。

暗示者有时会引导被暗示者想象出一个情景，让被暗示者感觉身临其境，利用这个情境的情况设定，由被暗示者来模拟真实的体验。当情境设定是令人愉快的或者不愉快的，被暗示者可以通过该情境把内心的不良情绪完全释放出来或者转化为愉快情绪。这些情绪的释放或转换都是暗示者引导的结果，在暗示者的控制之下，可以引发被暗示者本身的情绪愈合能力，进而达到暗示者预设的效果。当被暗示者带着转换的情绪回到现实情况，在遇到类似悲伤的事件时，原有的悲伤情绪将会减低，进而演变成习惯，这种沟通便算是成功了。

在日常生活中，我们所接触到的沟通式心理暗示非常多，只是我们都不知道那些都是心理暗示。例如，很多人都声称自己在看电视时不太会去关注广告，但是有多少人敢说自己不知道"今年过节不收礼"的下一句是什么呢？其实很多人都是如此，以为自己没有注意那些广告，就不会受到广告的影响，却不知道自己实际上已经被这些广告暗示了。因此，不论这个广告到底创意如何，实际上大部分人都是被"脑白金"广告"暗示"了，而"脑白金"只是一个普通的沟通式心理暗示的例子。

当今世界是一个商业社会，与人沟通，向他人推销自己或者自己的产品、想法等等都是我们每天在做的事情。每一天，都有

很多人成功，也有很多人失败。而实际上，很多成功与失败的人本身相差并不大，但是他们的沟通效果却相差很大，这就是沟通能力的差异，而沟通能力的强弱，完全体现在心理暗示应用方法的掌握程度上。

例如，广告投放者总是希望广告能拨动目标市场消费者的心弦，进而发生购买行为。精明的厂商们会有意无意地利用暗示原理拨动消费者的心弦，并使之产生共鸣，直至按照广告主的意愿去行事。同样的，在心理暗示过程中，暗示者的最终目的很明确，那就是进入被暗示者的潜意识，干预其心理世界中的某个观念，或帮助被暗示者建立起某种正确观念，最终解决其心理疾患。在暗示过程中，暗示者不断提示被暗示者：你感到很舒服，有一种从未体验过的舒服的感觉。此外，暗示者在整个心理暗示过程中以及心理暗示过程结束之后，不间断地与被暗示者进行情感交流。

当那些神奇的心理暗示现象发生以后，旁观者都以为暗示者有什么秘不示人的绝招，其实，高明的暗示者只是在点点滴滴的情感沟通之中，与被暗示者取得了高度心理相容。一旦情感占据了上风，哪怕是与事实严重不符的观念也能被暗示者接受。沿着这样的思维轨迹，我们就能够解释为什么同样品质、同样价格的产品，有些人卖得好，而有些人就是卖不好了。同样，我们也能理解为什么所有的沟通都是心理暗示了。

用自我催眠获得说服力

人类的大脑和神经系统进化到今天，已经完全具备利用自我意识审视内心的能力，人们完全可以通过自己的思维资源进行自我的认知、肯定、强化、治疗、激励与提升，这些实际上都属于自我催眠的应用。

我们已经知道，心理暗示在人类的社会生活和日常生活中都具有非常巨大的作用，特别是在催眠状态下，人们出现被暗示性亢进的现象，使得心理暗示的内容更容易进入人们的潜意识领域，且具有更强大、更持久的影响力。

在催眠状态下，如果我们能够不断地强化自己的积极情感、良好感觉及正确观念，使这些正面的情感、感觉、观念等在意识和潜意识中印记、贮存和浓缩，从而在大脑中占据优势，就可以通过多种心理或生理作用机制对人们的身心状态及行为进行自我调节和控制。因此，在我们处于考试或者比赛等应激和焦虑状态时，体内分泌的大量去甲肾上腺素引起的心悸、心慌、心跳加速、呼吸增强、头晕、冒汗、胃部不适、下肢发软、皮肤发凉等消极症状，都可以通过一定时间的自我催眠暗示来缓和，甚至彻底消除。

在现代社会中，许多人都成功地应用了心理暗示乃至自我催眠来保护自己的身心健康。如果把自我催眠作为一种医疗工具，我们会发现它对于保护身心健康、改善生活来说确实是非常有利、非常有价值的。相比去看心理医生，自我催眠不需要其他人辅助进行，因此进行自我实践的机会要大得多，这也是它最大的优势。

通过自我催眠，我们也可以让自己获得超级说服力。因为说服力的来源主要是自己的气场、语言组织与表达及对他人动作与心理的准确捕捉，而自我催眠可以让我们显著提升这方面的能力，因此通过催眠获得说服力便是顺理成章的事。

不过，一定要注意的是：催眠不是一用就灵的灵丹妙药，更不是包治百病的大力丸。如果只是在很短的一段催眠过程之后，就希望能够彻底说服他人，这种愿望肯定是不切实际的。只有反复的、长期的催眠练习与实践才能够产生实质性、稳固的作用。

【说服心理学实战】

有时候，我们需要去做一些说服的工作，对方可能是你的父母、孩子、上司、顾客、朋友、主考官……如果不掌握技巧，可能你用尽千方百计也没法换来对方丝毫转变，遇到这样的事情是不是很气馁？这时可别忘了心理暗示。

如果我们把暗示者常用的几个小技巧用于说服他人，很可能会起到立竿见影的作用。

1.烘托友好气氛

在说服时，你首先应该想方设法调节谈话的气氛。如果你和颜悦色地用提问的方式代替命令，并给人以维护自尊和荣誉的机会，气氛就是友好而和谐的，说服也就容易成功；反之，在说服时不尊重他人，拿出一副盛气凌人的架势，那么说服多半是要失败的。毕竟人都是有自尊心的，就连3岁孩童也有他们的自尊心，谁都不希望自己被他人不费力地说服而受其支配。

2.诱导对方换位思考

当你想说服比较强大的对手时，可以借鉴心理暗示中的人格转换法，试着诱导对方换位思考，从而以弱胜强，达到目的。例如，"我和您儿子年纪差不多，如果是您儿子遇到这事儿，您会坐视不理吗？我和您儿子一样都是年轻人，脸皮都薄，如果不是太为难我也不会来求您……"这段话会暗示对方，让对方想象自己的儿子为难时的样子，诱导对方换位思考。

3.体现善意的威胁

暗示者在诱导被暗示者戒烟时，会强调吸烟的危害，让对方产生恐惧感，在说服他人时，这种技巧依然管用。我们可以用善意的威胁使对方产生恐惧感，从而达到说服目的。需要注意的是，我们的态度要友善，而且威胁程度不能过分，否则可能会弄巧成拙。

4.用情感攻势攻破防范

在你和要说服的对象较量时，一般彼此都会产生防范心理，从潜意识来说，防范心理的产生是一种自卫，也就是当人们把对方当作假想敌时产生的一种自卫心理，那么消除防范心理的最有效方法就是反复给予心理暗示，表示自己是朋友而不是敌人。这种心理暗示可以采用种种方法来进行：嘘寒问暖，给予关心，表示愿给帮助，等等。

当然，说服他人不只有心理暗示一种方法。下面的章节中，我们将会学习到更多说服他人的方法。

第二章

说服对方之前，调整自我心理

掌控情绪，才能掌控他人

在我们开始试图说服别人之前，我们要做很多准备工作。所谓"磨刀不误砍柴工"，准备工作做好了才能做到心中有数、有的放矢、临危不乱。其中最重要的，就是管理好自己的情绪。

一个人如果不能管理好自己的情绪，就不可能管好自己的语言和行为。因此，在说服他人的过程中，我们始终要掌控好自己的情绪，不要轻易显露自己的真实情感，要让自己所有外露的情绪都为说服他人服务，用情绪这种无声的语言感染对方，影响对方。

我们可以这样设想：当对方无意中触痛了你的敏感之处，你就不假思索地乱喊乱叫，对方对你的印象还会好吗？当对方同意你的某个观点时，你就高兴得手舞足蹈，对方对你的印象还会好吗？在你企图说服对方时，对方一开始就拒绝了你，于是你满脸不高兴，对方对你的印象还会好吗？

掌控情绪是种重要的能力，也是人区别于动物的重要标志。人是有理性的人，而非依赖感情行事。没有自制力的人终将一无所成。

有一个间谍，被敌军捉住了，他立刻装聋作哑，任凭对方用怎样的方法诱导他，他都绝不为威胁、诱骗的话语所动。等到最后，审问的人故意和气地对他说："好吧，看起来我从你这里问不出任何东西，你可以走了。"

你认为这个间谍会立刻转身走开吗？不会的！

要是他真这样做，敌军就会当场识破他的聋哑是假装的。这个聪明的间谍依旧毫无知觉地呆立着不动，仿佛对于那个审问者的话完全不曾听见。

审问者是想以释放他使他麻痹，来观察他的聋哑是否真实，因为一个人在获得自由的时候，常常会精神放松。但那个间谍听了依然毫无动静，仿佛审问还在进行，这就不得不使审问者相信他确实是个聋哑人了，只好说："这个人如果不是聋哑的残废者，那一定是个疯子了！放他出去吧！"就这样，间谍的生命保存下来了。

很多人都惊叹于这个间谍的聪明。其实，与其说这个间谍聪明绝顶，还不如说是他超凡的情绪自控力在关键时刻拯救了他的生命，换回了他的自由。

如果你觉得自己还不能很好地掌控自己的情绪，同时，你又想把事情办得尽善尽美，那么就多多留意，从控制自己的情绪做起吧。这样我们才能办好事，做到挥洒自如，赢得卓越的人生。

耐心是说服最重要的内容

在说服别人的过程中，只要说服者自己坚持不懈，不久所有的顾虑就会一扫而光，包括初期谈话的恐惧。渡过这一关，说服

者就会自信地说下去。

一旦拥有正确的观点，并且决定说服对方，就不要过于心急，因为说服过程中存在一定的障碍是正常的。当然，如果人家听了你说服的话，立刻点头叫好，这自然是最妙不过的。但现实中，这种情况并不多见。别人的看法、想法、做法，不是一天形成的，因此，要对方改变看法也绝非一日之功。即使对方可能被你说服，回去之后也有可能出现反复。

正确的做法第一要有耐心，第二要有耐心，第三还是要有耐心。

当你不能说服对方甚至被人抢白一顿后，不要生对方的气，更不能生自己的气。"算了，管这闲事干什么？"这种想法是不应该有的。

说服是一项长期的工作，只有有条不紊、循序渐进才能成功。对于"成见"这座山，今天挖一个角，明天铲一块土，逐步解释一些细节和要点，日积月累，"成见"就会渐渐地消除了。

在你做好足够的心理准备之后，你还应该清楚有时候别人不难被你说服，但他身后存在着庞大的力量，被人怂恿几句，思想又会波动。所以，你面对的可能不是一个人，而是一群人，鉴于此，你应当从各方面增加自己的力量。比如，你可以给对方介绍一些有益的书籍、几部好电影，也可以找一些与你见解相同的人一起帮你做说服工作。通过这一系列的工作，不但从各侧面帮助对方，而且对你也是一个促进，因为你也从侧面的工作中提高了自己。

一位记者曾经问过爱迪生，他是怎样面对10000次新发明的失败的，爱迪生说："年轻人，既然你的人生才刚刚起步，那我就告诉你些有益的秘密。我不是失败了10000次，而是成功地发现了10000个方法不适用。"爱迪生接着说，"为了改进白炽灯的质量，我进行了14000个实验。"

麦当娜有限公司职员瑞克·克拉克很赞同爱迪生的说法，并将之贴在墙上：

世界上没有比耐心更有价值的东西，没有任何东西可以取而代之。

全才不能取代耐心，是全才而没有成功的人比比皆是。

天才不能取代耐心，没有贡献的天才只会成为一个笑柄。

教育不能取代耐心，世界上有的是受过高等教育的弃儿。

每个人都有其软弱的一面，只要你有耐心多试一次就能攻克它。假设你是一位销售人员，当顾客告诉你他们不买时，你有充足的理由继续你的推销。顾客说"不"并不意味着顾客不想买，可能是顾客需要一种更具感染力的服务。谦恭有礼的推销几乎使顾客不忍拒绝，当然，这要在恰当的时机加以恰当的利用，一个好的推销员应该在顾客告知不买之后仍能孜孜以求，尽力达成这笔交易。一个出色的推销员总是不放弃多试一次的机会。

费城电器公司的范勃，也有过这样的发现。范勃先生正在宾夕法尼亚州一个富庶的荷兰农民区做视察访问。他经过一户整洁的农家时，问该区的代表："这些人为什么不爱用电？"那代表显得很烦恼地说："他们都是些守财奴，你绝不可能卖给他们任何东西。而且他们对电器公司很讨厌，我已经跟他们谈过，毫无希望。"

范勃相信区代表所讲是实在的，可是他愿意再尝试一次。他轻敲这农家的门——门开了个小缝，年老的特根保太太探头出来看。范勃先生叙述当时的经过情形是这样的：

"这位老太太看到是电器公司代表，很快把门关上。我又上前敲门，她再度把门打开，这次她告诉我们她对我们公司很反感。我向她说：'特根保太太，我很抱歉打扰了你，我不是来向你推销电器的，我只是想买些鸡蛋。'她把门开得大了些，探头

出来怀疑地望着我们。我说：'我看你养的都是多敏尼克鸡，所以我想买一打新鲜的鸡蛋。'

"她把门又拉开了些，说：'你怎么知道我养的是多敏尼克鸡？'她似乎好奇起来。我说：'我自己也养鸡，可是从没有见到过比这里更好的多敏尼克鸡。'这位特根保太太怀疑地问：'那么你为什么不用你自己的鸡蛋？'我回答她说：'因为我养的是来亨鸡，下的是白蛋——你是会烹调的，自然知道做蛋糕时，白鸡蛋不如棕色的好。我太太对她做蛋糕的技术总感到很自豪。'

"这时，特根保太太才放胆走了出来，态度也温和了许多。同时，我看到院子里有座很好的牛奶棚。我接着说：'特根保太太，我可以打赌，你养鸡赚来的钱，比你丈夫那座牛奶棚赚的钱要多。'

"她听得高兴极了，当然是她赚得多！她很高兴地对我讲到这点，可是她却不能使她那个顽固的丈夫承认这件事。她请我们去参观她的鸡房，在参观的时候，我真诚地称赞她养鸡的技术，还找了很多问题问她，并且请她指教。同时，我们交换了很多的经验。"

"这位特根保老太太突然谈到另外一件事上，她说这里几位邻居，在她们鸡房里都装置电灯，据她们表示这有很好的效果。她征求我的意见，如果她用电的话，是不是划得来。两星期后，特根保老太太的鸡房里，多敏尼克鸡在电灯的光亮下，跳着叫着。我做成这笔交易，她得到更多的鸡蛋，双方皆大欢喜，都有利益。"

范勃先生不因电器公司以往的失败而退却，依然抱有足够的耐心去进行新的尝试。如果不再尝试一次，抱有十足的耐心，心平气和并且找到投顾客所好的切入点，范勃先生的电器公司将永远无法将电器卖给这位荷兰农妇。

一个人的希望，再加上坚不可摧的决心就能产生创造性的力量。

一件看似极困难的事情，如果你能够秉持坚持就会成功的信念，那么你继续努力下去，必能得到应有的回报。正应了人们常说的一句话："机会永远属于具有顽强的意志和坚定信念的人。"

不要把对方当成对手

在说服开始的时候，和缓地说明你的情况，搔搔你的头，承认你可能出错。记住："犯错是人，宽恕是神。"要毫不犹豫地说："在这个问题上我需要你的帮助，因为我不懂。"你应该给人以天鹅绒般柔软温和的印象，而不是像砂纸一样粗糙不平。

一旦有机会，大多数人愿意做一个亲切而易于打交道的人，并扮演提供给自己的角色。换句话说，人们愿意按你希望他们表现的方式来表现自己。因此，要用得体的方式与对方交谈，维护他们的尊严。即使对方有令人反感的、消极的和执拗乖张的名声，他们也会被一种明确传达的期望的态度所感染并消除敌意。

要从他们的观点或参照系来看问题。他们说话时，要聚精会神地听，这会阻止你去进行对立的争论。不要引起摩擦，因为你表述某件事的方式，经常决定着你得到的反应。在回答他们的时候，要避免用绝对的词语。要学会用"我想，我听到你说的是……"作为你回答的开场白。

这种"润滑剂行为"将使你的话变得婉转温和，使摩擦减至最低限度，使双方变成同盟者，共同寻找可以接受的解决问题的

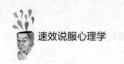

方法。

卡耐基和同事到曼哈顿出差。那天上午，在第一个约会之前还有一些时间，他们就从容地去吃早饭。点完菜之后，他的同事出去买报纸。过了10分钟，同事空着手回来了，并且他摇着头，含糊不清地低声咒骂着。

"怎么啦？"卡耐基问。

同事回答道："这些该死的家伙！我走到马路对面的那个报亭，拿了一份报纸，递给那家伙一张10美元的票子。他不找钱，而是从我腋下抽走那份报纸。我正在纳闷时，他开始教训我，说他的生意不是在高峰期给人换零钱。"

饭后，他们开始讨论这一插曲。那位同事认为这里的人傲慢无礼，他的敌人就是这种"爱发脾气的家伙"。他们绝不会给人兑换10美元的票子。卡耐基愿意接受挑战，在同事的注视下穿过马路，而同事在餐馆门口看着。

当报亭主人转向卡耐基时，卡耐基客气地说："先生……对不起……不知道你能不能帮我一个忙。我是外地人，需要一份《纽约时报》。我只有一张10美元的票子，我该怎么办？"报亭主人毫不犹豫地递给卡耐基一份报纸，说："嗨！拿去吧。找开钱再回来！"

卡耐基手里拿着"战利品"，兴高采烈地大步穿过马路。他的那位同事摇着头目睹了这一幕。

卡耐基认为：事情办得好坏，完全取决于方法。当人们互相视为对手的时候，他们就相互疏远，甚至通过第三方来打交道。这是一种不幸的隔阂，从这种隔阂出发，他们互相提出要求和反要求，宣布结论，冲动地下最后通牒。由于每一方都想增加自己的相对优势，双方都将对彼此有意义的信息秘而不宣。人们的感情、态度和真实需要被隐藏起来，以免被对方利用。

　　显然，在这种气氛中，想要改变某一方的看法，或是期望对方为自己做点什么，显然是不可能的。然而，我们应该认识到，人类的独特之处就在于人们各自的目标是可以并存的。在这种认识下，人们就可以坦诚相待、互相信任，可以交换看法、事实、个人感受和需要。通过这种无拘无束的交往，人们可以找到使双方都成为赢家的创造性解决方法。

　　20世纪40年代中期，霍华德·休斯制作了一部影片《亡命徒》。该片由简·拉塞尔主演。这部影片也许会被忘记，但是这个电影的大幅张贴广告令人难忘。那个画面是简·拉塞尔仰面朝天地躺在干草上。那时，休斯非常欣赏拉塞尔，所以和她签订了一个年薪100万美元的合同。

　　12个月以后，拉塞尔认真地表示："我想依据合同要我的钱。"霍华德解释说他此时没有"流动资金"，但是有很多财产。女演员的态度是，她不要借口，她要属于自己的钱。休斯继续向她说明他现金周转暂时有问题，并请求她等一等。拉塞尔一直指着法律合同，上面清楚地写着年底付款。

　　双方的需要似乎不可调和。他们相互斗争，通过律师来处理问题。以前那么亲密的工作关系已经变成了一场斗争。一时间，谣言四起，人们传闻这件事将以诉诸公堂而告终。要知道，休斯是那种愿意在随后的关于指控环球航空公司的官司中花1200万美元诉讼费的人。如果这种对抗诉诸法律，谁会赢？也许唯一的赢家是律师！

　　这场冲突如何解决？实际上，拉塞尔和休斯明智地说："你看，我和你情况不同，我们有不同的目标。让我们看看能不能在相互信任的氛围中分享信息、感受和需要。"然后，作为合作者，他们找到了创造性的解决方案。这种方案解决了他们的问题，满足了双方的需要。他们将原来的合同转换成一份20年的协

定，每年支付5万美元。这份合同包含同等额度的钱，只是它实现形式有所不同。

这样一来，休斯解决了他的"现金周转"问题，保住了本金的利息。另一方面，拉塞尔通过将其必须纳税的收入分摊在一段时期，减少了她的税款，从中受益。并且由于得到相当于为期20年的年金，她解决了日常财务问题。

演员的职业通常是很不保险的。从个人需要来看，拉塞尔和休斯都是大赢家。况且，拉塞尔不仅"挽回面子"，还维护了自己的利益！记住，当你和类似于霍华德·休斯这样的怪人打交道时，尽管你是对的，你也可能会输，所以，不要固执于自己的想法，要适当地做出妥协，以充分发挥"润滑剂"在说服中的作用。

倾听也是一种说服

在我们身边，经常会有这样的人，他们总是喜欢多说话，喜欢显示自己的博学。这样的人，以为别人会很佩服他们，其实，只要稍微有点社会阅历的人，都会对他们不以为意。更聪明的人，或者说智慧的人，往往会根据自己的经验，知道自己说的越多，必然会错的越多，所以不到需要时，总是少说或者不说。当然，如果多说比少说或者不说更有效时，我们一定要说。

雄辩是银，倾听是金。在销售中，这句话就更有用处了。若是在给顾客下订单时，对方出现了暂时的沉默，你千万不要以为自己有义务去说些什么。相反，你要给顾客足够的时间去思考和做决定。千万不要自作主张，打断他们的思路，否则，你会后悔的。

日本金牌保险推销大师原一平曾有这样的推销经历。

他去访问一位出租车司机，那位司机坚决认为原一平绝对没有机会向他推销人寿保险。当时，这位司机肯会见原一平，是因为原一平家里有一台放映机，它可以放彩色有声影片，而这是那位司机没有见过的。

原一平放了一部介绍人寿保险的影片，并在结尾处提了一个结束性的问题："它将为你及你的家人带来些什么呢？"放完影片，大家都静悄悄地坐在原地。3分钟后，那位司机经过心中的一番激烈交战，主动问原一平："现在还能参加这种保险吗？"

最后，他签了一份高额的人寿保险契约。

在从事销售时，有的推销员脑子里会有这样一种错误想法，他们以为沉默意味着缺陷。可是，恰当的沉默不但是允许的，而且也是受顾客欢迎的。因为这可以给他们一种放松的感觉，不至于在有人催促的情况下做出草率的决定。

当顾客说"我考虑一下"时，我们一定要给予他充足的时间去思考，因为这总好过于"你先回去吧，我考虑好了再打电话给你吧"。别忘了，顾客保持沉默时，就是他在为你考虑了。相比较而言，顾客承受沉默的压力要比我们承受的还要大得多，因此，让顾客多沉默一会儿，多考虑一下吧。

如果你先开口的话，你将面临失去交易的危险。因此，在顾客开口决定之前，务必保持沉默，除非你想丢掉生意。

在适当的时候，让我们的嘴巴休息一下，多听听别人的话。当我们满足了对方被尊重的感觉时，我们也会因此而获益。

思维活跃，思路清晰

说服，顾名思义，是通过语言使对方信服，而语言的组织和

表达都是思维运作的结果，所以我们只有保持思维活跃、思路清晰，才能使我们的语言更有说服力。

说话交谈是思维的外化，是思维的一种工具，思维是语言的内容，没有思维就没有语言。实际上，语言表达过程是把思维的结果表述出来的过程，说话交谈就是从内部言语向外部言语转化的过程。

确定说什么是一种思维活动，在说什么与怎么说之间进行着快速的转换过程：思想→句子类型→词汇→语音。这个过程是完整的，任何一个环节出了差错，都会影响表达的进行。因此，思维导向语言的转化过程十分重要，进行这方面的基础训练有利于我们对语言的控制能力，从而更好地驾驭语言，发挥语言的魅力。

1. 定向思维训练

定向思维是指按常规恒定模式进行的思维。定向思维训练可以培养我们对问题进行深入思考的能力，有助于养成深入分析问题，透过现象看本质的良好思维习惯。

可以拟定一些比较容易的叙述、说明、介绍方面的题目进行训练。为了使思维有条理，可以在表达中插入一些常用的言语链。比如，关联词"因为""所以""于是""之所以……，是因为……"可以按时间的先后和位置的移动进行表达；可以采取先总后分，先分后总等方式练习等。

2. 逆向思维训练

逆向思维训练是反过来想一想，变肯定为否定，或变否定为肯定；变正面为反面，或变反面为正面。例如，世人一般把"这山望着这山高"喻为贪心不足而赋予贬义，如果化贬为褒，将其含义用于人类勇于向新的科学高峰攀登的赞颂中，岂不又可以肯定它了？

进行逆向思维训练能培养逆向思考问题的能力和独立发表见解的能力。

3. 发散思维训练

发散思维是使表达者朝各种可能的方向扩散并引出更多新的信息，从而达到创新的一种思维方式。这里介绍三种训练方法。

（1）链接法

承接上一位表达者的话茬继续往下说的训练方法。戴尔·卡耐基训练学员即兴演讲就常用此法。卡耐基叫一位学员开始叙说一个故事。比如，这位学员说："前几天我正驾着直升机，突然注意到一大帮飞碟正朝我靠近。于是我开始下降，可最靠近我的那个飞碟里却有个小人开始向我开火，我……"说到这里，卡耐基要求他停下，然后要另一个学员接下去。

（2）连点法

将头脑中闪现出的人、事、物和散点按照一定的顺序和结构连缀成篇。比如，一人说："置身各位青年朋友之中，我似乎感到春天的气息扑面而来。大家都很年轻，都有花样的青春、花样的年龄、花样的生活，愿大家做帆船，乘风破浪，挺进大海；愿大家做骏马，飞奔未来，跑向光辉灿烂的明天。"

（3）联想法

联想法是由一事物想到另一事物的训练方法。其特点是闻一知十，触类旁通，使说话具有流畅性与变通性。我们可以运用下面的方法进行训练。

出示一根玻璃棒，要求训练者通过联想，迅速说出它像什么。出示一个红色球，要求训练者通过联想，讲述我们的生活充满阳光。展示一幅画，画上画两只小鸡，要求训练者表达人生并非一帆风顺。

符合对方的直觉判断

在我们准备说服一个陌生人的时候，机会往往只有刚见面的那一次，你并没有太多的机会让他人了解你，如果你没有准备好，给别人一些不够好的印象，就很难再有机会说服他了。很多人在期待自己的优点"以后"能慢慢被人发觉时，却发现，根本就不存在"以后"，因为人家在看你第一眼的时候，就已经把你否定掉了。

要引导别人对你形成良好的态度，首先就要给别人一个良好的外部形象，让他人真心地喜欢你。人们往往通过自己第一眼获得的信息来判断他人，因此都非常在意自己的个人形象。每个人的外在形象，他人只需要看一眼，就能够决定是否与你交往。这便是我们常说的"先入为主"的心理在起作用。

小张和一个朋友聊天时，聊到了他们共同认识的一家公司的老板。朋友说："我很讨厌他这种人，仗着自己有点钱就很霸道，对自己的员工一点都不好。公司一共就那么几个人，还真以为自己是大老板，整天训斥下属，没有人能跟这样的人处理好关系！"

小张听到后突然愣住了。因为这个老板跟小张关系非常好，而小张一直认为朋友说的那位老板是个温和、有风度、讲义气的男人，而且他和妻子的感情也非常好。

小张问朋友，怎么会对老板有这样的看法。朋友说："我那次到他们单位找一个人，路过他的办公室时，看见他正在对一个员工气势汹汹地咆哮，那个样子很吓人啊！"

小张说："每个人都有发脾气的时候。大概你看到的一幕是因为员工工作上出了大问题，真的惹他生气了。"朋友也点点头，说："可能吧，但我很讨厌对员工发脾气的老板。没办法，反正我对他是没有什么好感。"

小张的这个朋友就因为看到了一幕老板对员工发火的情景，就断定这个老板不好相处，而且这个糟糕的第一印象恐怕很难改变了。我们可以假想一下，如果这个老板有事情相求于小张的这位朋友，结果会是什么样。

融会贯通，巧用联系

当你打算说服一个人的时候，如果只是一大套一大套地把自己想好的话讲出来，而不了解对方的看法和兴趣，不能观察对方对你的话有什么反应，有什么疑问，不能及时地解除对方心理的症结，那你就不能算是一个好的谈话者。

说服是一种潜意识的沟通，既然是沟通，自然就是双向的交流。成功的谈话是所有的人都积极参与到谈话过程中的心与心的双向沟通。要达到这种沟通效果，最有效的方式就是提问。适时巧妙地提问，可以避免交谈中的利害冲突，甚至还有可能掀起谈话的高潮。

提问有以下四种方式。

1. 限制型提问

这是一种目的性很强的提问法，也就是给所提的问题限制一个范围。它能帮助提问者获得较为理想的回答，减少被提问者拒绝回答的可能。

例如，在香港的茶室，客人通常喝可可时，都喜欢放个鸡蛋。侍者在客人要可可时必问一句："要不要放鸡蛋？"有好多客人就回答说不要。但是如果侍者要问："放一个还是两个鸡

蛋？"这样对方的选择范围就小了，提问者就可能得到一个满意的回答。

2.选择型提问

这种提问方式多用于朋友之间，表明双方并不在乎如何选择。例如，你和朋友一起去酒吧，你不知他的喜好，便问："咱们要生力啤酒，还是青岛啤酒？"

3.协商型提问

如果你要别人按照你的意图去做事，你可以用商量的口吻提问。例如，你要秘书起草一份文件，先把意图讲清，随后问一句："你看这样是否妥当？"

4.婉转型提问

为了避免对方拒绝回答出现尴尬局面，可以婉转地提出问题。比如，一个小伙子遇到了心爱的姑娘，但不知道姑娘怎么想，他可以试探地问："我能陪你走走吗？"如果对方不愿意，她的拒绝也不会令小伙子太难堪。

在日常交际中，一般不可问别人有多少钱，不可问女子的年龄，不可问别人的家世，不可问别人工作上的秘密。

据传在某国的一个教堂内，有一天，一位教士在做礼拜的时候，忽然熬不住烟瘾，便问他的上司："我祈祷时可以抽烟吗？"结果，遭到了上司的斥责。之后又有一位教士，也犯了烟瘾，却换了一种问法："我吸烟时可以祈祷吗？"上司莞尔一笑，答应了他的请求。

可见，问话需要讲求艺术。同样的要求用不同的方式提问，收到的效果截然不同。精妙的提问可以使你获得所需要的信息、知识和利益，帮助你了解对方的需要和追求，从而达到人与人之间的交流和互助，促成说服的成功。

只有注意了以上几点，把问题提好了，才能真正达到谈话的互通性目的。

【说服心理学实战】

古人云，"恩不可过，过施则不继，不继则怨生；情不可密，密交则难久，中断则有疏薄之嫌"。意思是施恩不可以过分，因为过分的施舍是不能永远持续下去的，一旦中断施舍就会有怨恨产生；交情不可以过于密切，因为密切的交往是很难保持永久不变的，一旦中断，就让人有了疏远冷淡的嫌疑。

从中我们明白，任何事情都要讲究一个"度"，无论说服对象是何类人，一定记住"过犹不及"，把握好分寸，不要超过了合理界限。

子贡在跟孔子谈论师兄弟们的性格及优劣时，忽然向孔子提了个问题："先生，子张与子夏两人哪一个更好些呢？"子张是孙师，子夏是卜商，两人都是孔子的得意弟子。

孔子想了一会儿，说："子张过头了，子夏没有达到标准。"子贡接着说："是不是子张要好些呢？"孔子说："过头了就像没有达到标准一样，都是没有掌握好分寸的表现。"这就是"过犹不及"的出处。

有一次，孔子带领弟子们在鲁桓公的庙堂里参观，看到一个特别容易倾斜翻倒的器物。孔子围着它转了好几圈，左看看，右看看，还用手摸摸、转动转动，却始终拿不准它究竟是干什么用的。于是，就问守庙的人："这是什么器物？"

守庙的人回答说："这大概是放在座位右边的器物。"

孔子恍然大悟，说："我听说过这种器物。它什么也不装时就倾斜，装物适中就端端正正的，装满了就翻倒。君王把它当作自己最好的警戒物，所以总放在座位旁边。"

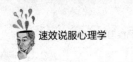

孔子忙回头对弟子说："把水倒进去，试验一下。"

子路忙去取了水，慢慢地往里倒。刚倒一点儿水，它还是倾斜的；倒了适量的水，它就正立；装满水，松开手后，它又翻了，多余的水都洒了出来。孔子慨叹说："哎呀！我明白了，哪有装满了却不倒的东西呢！"

中庸，在孔子和整个儒家学派里，既是很高深的学问，又是很高深的修养。追求恰到好处、适可而止，这是为人处世的一种境界，一种哲学观念。比如吃饭，餐餐最好吃到恰到好处，每顿饭不要因饭菜不好而饿肚子，也不要因饭菜特好而把肚皮撑得鼓鼓的，适可而止，方能保持健康的胃口。

值得说明的是，孔子讲的中庸，绝不是无谓的折中、调和，而是指为人处世应该慎重选择一种角度，一种智慧。有一些人认为孔子讲的中庸就是不讲原则，那是对"中庸"思想的误解，其本质是过犹不及、适可而止，这也正是我们在说服他人的过程中要秉持的一条重要法则。

第三章

看透身体语言，运用不同说服术

透过微笑掌握对方心理

心理学家研究表明，一个人在说谎时很少会笑，即使笑了，也是假装的，强装笑脸。那么怎样区别真心的笑容和伪装的假笑呢？

真正发自内心的笑，眼睛周围会堆起皱纹，而强装的笑脸则不会有面部肌肉的配合，看起来十分生硬。虽然发出了笑声，但眼睛丝毫没有笑意，这是典型的假笑。眼睛里的笑意是发自内心的，没有人能装得出来。

那么为什么很多人在说谎时都装出笑嘻嘻的样子呢？唯一合理的解释就是笑脸是装出来的，目的就是为了迷惑对方，隐瞒谎言。

诚实人的笑是无所顾忌的，同时具有感染别人的力量，而说谎者在认为自己需要装出笑脸时，他的笑就不是发自内心的，从中我们就可以得出结论：他在说谎。

一个伪装的笑容很容易与真实的笑容区别开来。

伪装的笑容常常与说话的内容、说话的节奏以及说话时的手

势不吻合，装出的笑脸往往显得僵硬、不生动。比如，当你的丈夫谎称出差回来，在描述旅途艰辛时向你一笑，你应当马上捕捉到其中的破绽。当他笑的次数大大多于平日时，很可能是在掩饰。你问他，他的新产品展示会进展如何，他笑着对你说："好极了！"看来展示会进行得并不尽如人意，因为真心的笑容，眉毛是随着咧开的嘴角而上扬的。

除了专业的演员，一般的说谎者都很难在笑容上抹去撒谎的痕迹，只要留心观察，你一定能找到破绽。

透过穿衣掌握对方心理

在生活中，我们可以从一个人对衣服的选择上来读懂他的心理活动和品性，进而施以不同的说服策略。

喜欢穿简单朴素衣服的人，性格比较沉着、稳重，为人比较真诚和热情。这种人在工作、学习和生活中，对任何一件事情都比较肯干，诚实、勤奋好学，而且能够做到客观和理智。但是，如果过分朴素就不太好了，这种情况表明其缺乏主体意识，软弱而容易屈服于别人。

喜欢穿单一色调服装的人，比较正直、刚强，理性思维要优于感性思维。

喜欢穿浅色便服的人，多为比较活泼、健谈，并且喜欢结交朋友的人。

喜欢穿深色衣服的人，性格十分稳重，一般比较沉默，凡事深谋远虑，常会有一些意外之举，让人捉摸不定。

喜欢穿式样繁杂、五颜六色、花里胡哨衣服的人，多是虚荣心比较强、乐于炫耀的人，他们任性甚至还有些飞扬跋扈。

喜欢穿过于华丽衣服的人，多为具有很强的虚荣心和自我显示欲、金钱欲的人。

喜欢穿流行时装的人，最大的特点就是没有自己的主见，不知道自己有什么样的审美观，他们多情绪不稳定，且无法安分守己。

喜欢根据自己的爱好选择服装而不随潮流而动的人，大多独立性比较强，有果断的决策力。

喜爱同一款式的人，性格大多比较直率和爽朗，他们有很强的自信心，爱憎、是非、对错往往都分得十分明确。他们的优点是行事果断，显得十分干脆利落，同时他们也有缺点，那就是清高自傲，自我意识比较强，常常自以为是。

喜欢穿短袖衬衫的人，他们的性格是放荡不羁的，但为人十分随和、亲切。他们热衷于享受，凡事率性而为，不墨守成规，喜欢有所创新和突破。自主意识比较强，常常以个人的好恶来评判一切。他们虽然看起来有点表里不一，但实际上他们的心思还是比较缜密的，而且任何时候都明白自己在做什么，所以他们能够做到三思而后行，不至于任性妄为，而做出错事来。

喜欢穿长袖衣服的人，大多比较传统和保守，为人处世循规蹈矩，不敢有所创新。他们的冒险意识在某一方面来讲是比较缺乏的，但他们又喜爱争名逐利，自己的人生理想定得也很高。这样的人最大的优点就是适应能力比较强，不论在什么地方都能营造出较好的人际关系。

喜爱宽松自然的打扮，不讲究剪裁合身、款式入时的衣着的人，多是内向型的。他们常常以自我为中心，无法走进其他人的生活。他们有时候很孤独，也想和别人交往，但在与人交往中，

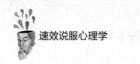

又总会出现许多的不如意，最后还是以失败而告终。他们多半没有什么朋友，但一旦有了朋友，就会非常要好。他们的性格中害羞、胆怯的成分比较多，不太喜欢主动接近别人，也不易被人接近。一般来说，他们对团体活动是没有什么兴趣的。

透过表情掌握对方心理

狄德罗曾说："一个人，他心灵的每一个活动都表现在他的脸上，刻画得非常清晰和明显。"这句话提示了人类表情的重要性。因为现实中，语言的表达远不及人们的表情丰富和深刻。

作家托尔斯泰曾经描写过85种不同的眼神和97种不同的笑容。可以说，人类的面部是最富表现力的部位，它能表达复杂的多种信息，如愉快、冷漠、惊奇、诱惑、恐惧、愤怒、悲伤、厌恶、轻蔑、迷惑不解、刚毅果断等。而面部表情也能传播比其他媒介更准确的心理情感信息。因此，表情能够清晰、直接地表达人们的内心想法。仔细观察一个人的表情，我们就可以获悉他的心理活动。

根据心理学家评估，人的表情非常丰富，大约有25万种。所以，表情能全方位地表现人们的心情不足为奇。问题是，面对如此丰富的表情，要去辨别该从何着手？

1. 表情变化的时间

观察表情变化时间的长短是一种辨别情绪的方法。每个表情都有起始时间（表情开始时所花的时间）、表情持续的时间和消逝时间（表情消失时所花的时间）。通常，表情的起始时间和消逝时间难以找到固定的标准，例如，一个惊讶的表情如果是真的，那么它完成的时间可能不到1秒钟。所以，判断一个表情持续的时间更容易一些。因为通常的自然表情，并不会那么短暂，有的甚至能持续4～5秒钟。不过，表情持续的时间过长，表情就可能是假的。因为人类脸上的面部神经非常发达，即使是非常激动的情绪，也难以维持很久。因此，要判断一个人的情绪真假，从细微的表情中也能发现痕迹，只是需要人们不断地进行细微的观察。

2. 变化的面部颜色

通常，人的面部颜色会随着内心的转变而变化，这样，表情就有不同的意义了。因为面部的肤色变化是由自主神经系统造成的，是难以控制和掩饰的。在生活中，面部颜色变化常见的是变红或者变白。

透过鼻子掌握对方心理

鼻子处于五官最中央，任何表情的变化都伴有鼻子的变化，虽然动作可能轻微，但也能表现一个人的心理变化，就是说，鼻子也有"表情"。

有位研究身体语言的心理学家，为了弄清鼻子的"表情"问题，专门做了一次"鼻语"的旅行观察。他在车站、码头、机场等不同的地方观察。一个星期后，得出以下两方面的结论。

第一，人多的地方是身体语言最集中、最丰富的地方。因为各个地区、各种年龄、不同性别、各种性格的人都汇集在一起，都是陌生人，语言交流很少，心理活动很多，所以，大量的心态都以身体语言的形式表现了出来。

第二，人的鼻子是会动的。在有异味和香味刺激时，鼻孔会有明显的动作，严重时，整个鼻体会微微地颤动，接下来往往就

会出现打喷嚏现象。他还认为，这些动作都是在传达信息。此外，据他观察，凡鼻梁高的人，多少都有某种优越感，表现出"挺着鼻子"的傲慢态度。他说，在旅途中，与这类"挺着鼻子"的人打交道，比跟鼻梁低的人打交道要稍难一些。

一位日本籍整容医生也曾说："某人一旦接受了隆鼻手术，以往性格内向者，常会摇身一变成为外向之人。"

一本小说中有一段关于鼻子动作的描写。书中的男主角看到一位漂亮的小姐，为了表现出他与众不同的吸烟法，他向空中吐着烟圈，然后烟圈飘向那位小姐。小姐没说什么，只是伸手捂了一下鼻子。男主角便问道："你讨厌烟味吗？"那位小姐没有回答他，只是继续捂着鼻子。

其实，用手捂着鼻子的身体语言已经传达出了那位小姐的讨厌情绪，遗憾的是，男主角竟然没有看出来，反而问了一个不该问的问题，这样做自然要碰钉子。

有的心理学家主张把用手捂捏鼻子的动作归为鼻子的身体语言，而不是手的身体语言。还有，若某人仰着脸，用鼻孔而不是用眼睛"看"人，这跟用手捂捏鼻子一样，是要表达自己的反感情绪。

在旅途中，碰到有这些姿势的人，尽量少与之打交道。譬如，请他人帮助做某件事情之时，如果对方用手摸鼻子，或是用鼻孔对着你"看"，这应该视为他接受请求的可能性不大，或者是其拒绝的表示。

因此，跟讨厌的人交谈时，如果想尽快结束无谓的话题，不妨用手多次摸鼻子，不停地变换姿势，或用手拍打物体之类的动作，将你的意思传达给对方。

透过眼神掌握对方心理

在整个说服他人的过程中，眼睛对双方的行为有着很大的影响。因为眼睛是人与人沟通中最清楚、最明显的信号，它能将众多复杂的信息通过注视传递出去。

早在古代，孟子就曾说过："观其眸子，人焉廋哉！"意思就是说：想要观察一个人，就要从观察他的眼睛开始。因为一个人的想法常常会从眼神中流露出来，天真无邪的孩子，目光清澈明亮，而心怀不轨的人则眼睛混浊不正。所以，世人常将眼睛比作是心灵之窗，是交往中观察的焦点。

西方曾流传这样一个故事，用来说明能通过眼神来看透人的思想。

在赌桌上，赌徒们刚开始赌时，通常会先用小金额的资金下赌注，并且密切观察坐庄人的反应。当坐庄人的眼睛瞳孔突然扩大的时候，他们立即紧跟加大筹码，这样赢的概率将很大。因为赌徒们根据坐庄人的眼睛变化来肯定自己压中了。这种观察的小技巧尽管无从查证，但的确证明了人眼睛的变化同心理活动有着极为密切的关系。

既然眼睛能映射出人内心的感受，那你是否能在看见对方的眼睛时，敏锐地捕捉到他所传递的情感？

1. 表达吃惊的情绪

人们在吃惊或有防备的时候，会把眼睛睁得特别大，并且巩膜（眼白）会在虹膜（眼睛中有颜色的部分）之上。再加上一些面部表情，例如，眉毛会抬起，且向上弯曲，而下腭下垂，双唇分开。在你看到这些现象后，就可以肯定，这个人正在震惊中。

2. 表达怀疑的情绪

若你与某人谈话，他眯起双眼，皱起前额，并不住地对你进行打量，那么表明他在怀疑你说的话。他希望用眼睛在你身上找到蛛丝马迹，以肯定自己的判断。由于其主要表达一种不确定、不认可的态度，因此它也经常出现在当某人对某个决定没有把握的时候。

3. 表达愤怒的情绪

当某个人直接盯着另一个人，显示出紧张的眼部状态时，他的上下眼皮也会很紧张，眼睛眯成一条缝。他用眼睛盯着别人，用以宣泄内心的感受，甚至达到吓唬对方，或威胁对方的目的。

4. 表达恐惧的情绪

一个人内心恐惧，眼睛会直愣愣地大睁着，好像要把那预示着迫近危险的最细微的动作都看个一清二楚。这种状态下，发出动作者的下眼皮会很紧张，但同吃惊的情绪不同的是，感到恐惧的人的面部表情很不一样，他们的眉毛抬起并锁在一起，呈水平线形态。

透过手势掌握对方心理

人类从原始社会就开始用手制造和使用工具，成为世界的主宰者。而在新事物、新思想不断发展的过程中，人们为了沟通、交流，更好地表达自己的意思，学会了利用手来做辅助。因为很多人发现仅仅依靠嘴来进行交流显得力不从心，所以社会交往中，手势已经成为其中重要的一部分。同时，这些手势除了表面的含义，还隐含了更多的意思。

就像生活中所经常展现的那样，在交谈时，人们双手总是置于身前，并且伴有一定的手部动作。它们对言语起着说明和补充的作用，甚至可以发挥独立有效的作用。因此，在身体语言中，手势发挥着十分重要的作用。几乎任何日常活动都离不开手势，心理学家曾形象地比喻说："手势是人的第二张唇舌。"人们的种种心理通过千姿百态的手势体现出来，有时手势甚至比言语更能传达说话者的心思。

1.正面对他人，竖起大拇指

大家都曾使用过这样的手势，它很重要的一个含义就是表示对他人的称赞，表示"好""很棒""第一""厉害"的意思。在生活中，当我们在真诚地赞赏他人时，还应当配合其他非语言的信号，例如，面带微笑，能更好地传达自己的意思。

此外，在那些曾经是英属殖民地的国家，例如，美国、南非等地，竖起大拇指还有要搭便车的含义。经常可以看到有旅行者向道路上的车辆做出这样的手势，看是否有机会搭便车。不过，在希腊等国家，竖起大拇指的含义则带有侮辱的性质，相当于"你吃多了撑的"。

2.食指弯曲与拇指接触呈圆形，其余三指张开

这个手势是从美国开始频繁被使用的，表示"OK"、很好的意思。它是我们经常使用的手势。但在不同国家，这个姿势有着不同的含义。例如，在日本，这个姿势表示金钱的意思，如果在同日本人交易的过程中，向他做了这个手势，则会被误解为你在向他索要贿赂。在地中海地区，这个肢体语言也是同其本意差距甚远的，当地人常用这个手势暗示某个人是同性恋。对于当地的男子和女子来说，是一种具有侮辱性质的表示。

3.伸出食指与中指，其他手指蜷曲

这个手势在手心向外的时候，是表示"胜利"的意思。而在

受到英国文化渲染的地区，它也常常用于表示"举起双手或者抬起头"。但这个手势变成手心向内的时候，就是一种侮辱性的表达，近似于"去你的"。不过，欧洲的某些地方，手心向内的手势，没有其他含义，仅仅表示数字"2"。

4. 翘起食指和小指，其他三个手指握在一起

这个手势在美国有两种说法，一说指长角美式足球队，因为小布什很喜欢得克萨斯州的长角美式足球队，而常使用这个姿势表示喜爱和支持；另一说指的是摇滚音乐迷的手势，指"继续摇滚"的意思，而得克萨斯大学运动队的拉拉队习惯用这一手势为队员加油，以表示"出色、极好"。有时，在美国，若要称赞某人很棒时，你也可以使用这个手势。有意思的是，这个手势在意大利有着截然不同的含义，意指"戴绿帽子的男人"。

5. 紧握手指，呈拳头状

紧握的拳头，在人们面前是一种力量的体现。这一衍生于搏斗的姿势，可以用于进攻与防守。如果在生活中运用这种手势，则是在向他人展示"我是有力量的"。"我不怕你，要不要尝尝我拳头的滋味？"是一种示威和挑衅的动作。

当将其恰当地运用于演讲或说话时，则说明这个人很自信，很有感召力，是值得人们信赖和依靠的对象。

6. 其他手势

除了上面这些，还有很多手势，例如，亲吻手指指尖，即飞吻，表示对对方的爱慕；竖起小指表示轻蔑；竖起中指则有侮辱的含义；伸出一个手指指向别人有命令和轻蔑的意思，用双手勾勒女子身形的手势则表示女人的身材如何；数拨手指表示要特殊强调，或者增加说服力、表明态度，等等。

透过吸烟掌握对方心理

生活中，吸烟者大有人在。当烟瘾犯了的时候，人们就会在身上找到一包烟，两指一夹，便可以忘记烦恼无数。不知道有没有人告诉过你，用哪根手指夹烟也是大有学问的。心理学家指出，不同的吸烟方式是判断一个人性情的重要标准。

1. 啃咬烟嘴

这类人具有一定的办事能力，但性情过急，往往阻碍了个人发展。当遇到问题时，很容易将过错都归罪在自己身上，属于自卑性较强，有自虐特点的人。

2. 烟蒂口湿润

这类人情绪起伏不稳定，性格变化莫测，并常因异性问题与人发生冲突，对工作造成较大干扰。

3. 抽烟至烟蒂口

这类人生活节俭，但不善持家。他们处理金钱虽不吝啬却会遭人误解。平日里，他们猜疑心强，有虚伪和自私的一面，很少暴露自己的想法。他们从思考到实践有一段很长的距离，因此容易错失良机。

4. 忘记弹烟灰

这类人处于思考的状态，是典型的思考者，尤其在开会或工作中，最为常见。但如果平常都是这样的抽法，多半是自卑或身体状况不佳的人。

5. 叼着烟工作

这类人常为记者或律师，因为这种吸烟方式是对自己的工作带有自信或繁忙的象征。但他们的性情也呈现两极化，一旦自己

的能力没有受到旁人的认可，会有强烈反抗或意志消沉的表现。

6. 急速地吸烟

这类人属于性急、易怒型。他们善恶分明，兴趣广泛，常对两种以上的工作感兴趣，喜欢尝试不同的工作，并比只做同一件工作更能获得成功。

7. 略仰起头以嘴角抽烟

这类人对自己的工作具有信心，极可能是某些领域的专家。不过，他们处事过于勉强又自视过高，容易与同事发生冲突。但因他们具有突破难关的冲劲，未来仍会有所成就。

8. 抽烟时伸直拇指顶住下巴

这类人对工作充满热情，尤其对有挑战的工作十分青睐。他们属于不轻易服输的人，具有强烈的阳刚气，若能持续努力，将有望成为高级管理人才。

9. 抿着下唇抽烟

这类人性情稳定，且适应性较强，但为人欠缺工作主动性。他们做事需要按部就班地努力前进，通常在刚进入工作领域时，很少能发挥自我才能，但在多年的磨砺后，能逐渐展现自己的能力，受到领导的信赖，处事稳重较少失败。

透过站姿掌握对方心理

姿势，从心理学的角度来说，一般反映的是个人对自己和他人的看法，站姿也是如此。如果仔细揣摩你就会发现，即使是站立这种简单的动作，也能成为观察一个人的肢体语言。

每个人不同的站姿对其精神和心态都有集中的体现。曾有位美国心理学家拍摄了大量的影像资料，经过反复研究分析，证明通过观察人们不同的简单站立动作，能捕捉到丰富的信息符号。

1. 标准立正的站姿

这类站姿是较为正式的姿势，两脚并拢，自然站立，不表达任何去留的倾向，但多展现服从的情绪。例如，学校的学生们在跟老师说话时，公司的下级跟上级汇报工作时，常采用这个姿势。经常使用这类站姿的人，性格一般比较温和。

在工作中，他们踏实但缺乏开拓和创新精神。每当开会时，他们还会利用同样的姿势表示"不置可否"。他们容易满足，且不争强好胜，只是在感情上有些急躁。

2. 弯腰驼背的站姿

站立时弯腰驼背的样子，说明这个人内心承受着很大的压力，他缺乏自信，有自我防卫、封闭、消极的性格倾向，或者说他想逃避某种境况或者整个生活，不想承担某种风险和责任。这也就暗示着他的心理上正处于弱势，具有不安或者自我抑制的特点。

3. 双腿交叉型站姿

这类站姿是指人们在站立时，双腿交叉，有的人会同时交叉双臂。这是大多数人在身处陌生的环境时下意识的一种反应。说明发出动作者有些拘谨。另外，较熟悉的朋友谈话时，若有人以这种姿势站立，也暴露了他的拘束心理，或者说是一种缺乏自信心的表现。所以，经常使用这种动作的人，表明他拘谨、保守、缺乏自信，不喜欢展现自己的性格特征。

4. 自信型站姿

这类站姿是指站立时，挺胸、抬头、两腿分开直立，像一棵松树般挺拔。一般具有这样站姿的人都自信且有魄力，做事雷厉风行，并且往往很有正直感、责任感。通常男性多有这样的站姿，非常受女性喜爱。

5.思考型站姿

这类站姿是指双脚自然站立，双手插在裤兜里，时不时取出来又插进去，就像是在思考着什么。具有这类站姿的人一般比较小心谨慎，思前想后。在做决定时容易犹豫不决，不知如何是好。工作中，他们一般缺乏主动性和灵活性，不会有效率地进行工作。但在感情上，他们非常忠贞。他们喜欢幻想，常常会构思未来，也因此不愿面对现实和承受逆境，是一个心理脆弱的"理想主义者"。

6.攻击型站姿

这类站姿指的是将双手交叉抱于胸前，两脚平行站立。经常做出这样站姿的人，通常性格叛逆，具有较强的挑战意识和攻击意识。他们无论是在工作还是生活中，都喜欢打破传统的束缚。他们比别人更敢于表现自己，通常创造能力能发挥得更充分。

7.靠墙式站姿

靠墙式站姿指的是站立时有靠墙习惯的人，他们多半是失意者，对外界缺乏安全感，容易依赖外力来保护自己。他们个性随和、坦诚，容易与人相处，因此也很容易受到别人影响。

透过声音掌握对方心理

言谈话语表达出来的信息有真实与不真实之分，要想准确识别单凭感觉是不够的。我们不仅要分析对方的话中之意，更要分析其言外之意，同时，还要捕捉住一些相关的细节加以辅证，这就必须具有一定的技巧和功夫。

在言谈中，声音辨人术是指通过声音来识别人。浅层次的理解，是指听到一个人的声音（不仅仅是说话的声音，也包括脚步声、笑声等），就能知道他是谁，前提必须是对对方的声音很熟悉，一般在朋友、亲人之间才能辨别，这只是辨别对方的身份。

高层次的理解，是由声音听出一个人的职业爱好、身高体重、个性品德、学历身份等。这是一个很复杂的判断过程，既有经验的总结，又有灵感的涌动。

声音可以详细分为声与音两个概念，既可由声来了解人，又可由音来了解人，但在实际运用中，多是由声音即两者同时来识别人。

声音最能陶冶人的性情，战鼓军号能使人精神抖擞，小鸟的啾鸣能让人心旷神怡。"声色犬马"，声音给人们带来的享受竟是排在首位的，就连人类的求偶活动也同鸟儿一样，是从婉转的声音开始的，所以人在青春期对各种甜言蜜语和流行歌曲的反应都很强烈。

声音的产生依靠自然之气（空气），也与内在的天性密不可分。声音又与说话者当下的心理活动有着十分紧密的联系，与人的特性也是息息相关的，这就是闻声辨人的基础。

古代曾有一个这样的故事，郑国的子产一次外出巡察，突然听到路边传来妇女的悲恸哭声。随从们看着子产，等候他的命令，准备救助，不料子产却命令他们立刻拘捕那名女子。随从不敢多言，遵命而行，逮捕了那位女子，当时她正在丈夫新坟前面哀哭亡夫。

人生有三大悲：少年丧父、中年丧夫、老年丧子，可见该女子的可怜，但是子产为什么要逮捕她呢？原来，子产凭借闻声辨人之术，得知那女子的哭声，没有哀恸之情，反蓄恐惧之意，因此怀疑其中有诈。审问的结果，果然是妇女之所以大哭，是因为与人通奸，谋害亲夫。

子产闻声辨人的技巧非常高明。孔子也深谙此道，且似乎比

子产更高一筹。虽然孔子讲过"以貌取人，失之子羽；以言取人，失之宰予"，但他凭外貌声色取人的功夫，实在是有着过人的天分。

以上是通过声音来辨别一个人的心理，还可以由声音识别一个人的心胸、职业、志向等情况。心胸宽广、志向远大的人，声清气壮，有雄浑沉重之势。身短声雄的人，自然不可小视。

人的声音各有差别，有的洪亮，有的沙哑，有的尖细，有的粗重。有的薄如金属之音，有的厚重如皮鼓之声，有的清脆如玉珠落盘。有的身体矮小，声音却非常洪亮；有的高大魁梧，说话却有气无力。古人正是对这些情况加以总结，得出了以声识人的规律。

人类的声音，由于健康状况的不同、生存环境的不同、先天禀赋的不同、后天修养的不同等而有不同。因此声音不仅在一定程度上表现着一个人的健康状况，而且还在一定程度上表现着一个人的文化品格。

既然如此，那么声音便和人的命运（过去和现在的生存状况，以及未来的生存前景）有一定关系。但是，如果说声音能够决定人的命运，则未免虚妄不实。不少身居高位的人物讲话、演说的声音，实在令人不敢恭维，而其命运却不能算不佳。

【说服心理学实战】

在电影中，我们常看到恋人们坐在茶馆或者咖啡厅里面，悠闲自在地品尝着香茶或咖啡。他们时不时地做着同一种表情或同一个动作。看到这样一幅画面，你有什么感觉或想法？是不是感觉很温馨、很浪漫？感觉这两个关系非常亲密、相互爱慕、心心相通？相信很多人都会有这种感觉。这是为什么呢？

其实这是因为他俩的步调是如此一致。从行为心理学的角度来讲，这种感觉是有道理的。人与人之间这种表情或动作的一致被称之为"同步行为"。"同步行为"不仅存在于恋人之间，在我们日常的工作生活中也普遍存在。

从心理学的角度来讲，肢体动作是"内心交流"的一种方式。两人彼此把对方作为所效仿的对象，应该是相互欣赏或有相同的心理状态，即双方的相互欣赏或看法一致诱发了他们的同步行为。

换句话说，"同步行为"意味着双方内心活动和思维方式的相似或相通。一般而言，同步行为的一致性与双方关系的和谐度成正比。在双方的会面中，如果两个人关系和谐、相互欣赏，那么他们的同一行为会很多、很细微。反之，同一行为则很少。

在日常生活中，通过人为地制造"同步行为"，可以赢得对方的好感，让双方的交谈在不经意间变得和谐愉快。

作为下属，很多人都纳闷：为什么自己欣赏的领导也欣赏自己，自己不喜欢的领导也不喜欢自己？其实，"同步行为"就在其中发挥作用。你向领导传递了欣赏，领导感觉到了，对

你有了好感，也试着以欣赏的眼光看你。

由此推理，如果想得到领导的认可与欣赏，你首先应该认可、欣赏领导。你不妨这样做：与领导在一起时，当领导无意中做出某个动作时，你也跟着做某个动作；领导做出某种表情，你也以同样的表情回应。

作为领导，有时故意与下属同步也很必要。比如，一个下属在你面前很紧张，你不妨摆出与其一致的姿势，拉近彼此的心理距离，缓解下属的紧张情绪。

对于有利益往来的双方，"同步行动"的魅力也丝毫不减。

在推销或谈判过程中，如果你的请求或劝说得不到回应，不妨故意制造一些"同步行为"，快速攻破对方的心理防线。

比如，对方翻阅文件，你也翻阅文件；对方脱下外套，你也脱下外套；对方将视线投向窗外，你也掉头欣赏窗外景色。如此反复几次，自然会引发对方的好感，缓和矛盾，使对方乐于接受你的意见，满足你的请求。

不过，在效仿对方的举止时，要注意不露痕迹，否则，让人误认为你是在故意取笑他或讨好他，反而坏事。

第四章

取得信任，迅速展开说服策略

不同语气产生不同效果

语气的产生来自声和气的结合，某一种声和气所表达出的特定意思是在人们长期的使用过程中逐步形成的。它有其特定的稳定性，一般不以个人的意志为转移，这也就是说话时声和气的语义特点。我们只能遵循这一特点，而不能根据个人的好恶随意地违背它或改变它。例如，我们不能用大声吼气来抒发自己的柔情蜜意，也不能用粗声粗气来称赞别人，更不能用恶声恶气来表现我们激动的心情。否则，我们将不能正确地表达我们的本意，甚至还会招致麻烦和痛苦。由此可见，只有遵循声和气的语义特点，选用适当的声和气，才能恰当地表达我们的意思。

相同的词语配上不同的声和气往往产生不同的意思，这时就会出现语言的一种歧义现象。仅以"你这死鬼"举例：用粗声粗气说，它表示反感、抱怨、指责；用恶声恶气说，它表示怒斥、憎恨、警告；用阴声阴气说，它表示诅咒；用柔声细气说，它表示亲昵；用嗲声嗲气说，它表示打情骂俏或假骂真爱；用高声大气说，它表示向听者示意去采取某种行为；用唉声叹气说，它则

表示被迫接受对方的建议或行为，等等，因此，使用好声和气的一条重要原则就是要尽力避免可能会出现的歧义现象。

语气不同产生的效果也完全不同，比如，慷慨激昂的语气给人以气壮山河之感，其酣畅磅礴的气势将增强语言的震撼力量。抑扬顿挫的语气会抓住听众的情绪，打动他们的心弦。某些特定的场合中，平和舒缓的语气能起到"润物细无声"之效。以气夺人的语气显得沉稳自信，在生活和工作上都一定是强者。

所有使用有声语言的场合，都离不开语气。语气包括思想感情、声音形式两个方面。若想成为一个说话富有感染力的人，就一定要熟练掌握驾驭语气的能力，要善于运用合适的语气来表达复杂的内容和不同的思想感情。

语气是有声语言的最重要的表达技巧，因为说话语气往往是一个人内心的潜意识的表露。只有掌握了丰富、贴切的语气，才能使我们在说服他人的过程中赢得主动。

在口语表达过程中，语气的变化不仅可以反映讲话者的喜怒哀乐等心理情绪，还可以展示内容的逻辑性和形象性。换句话说，相同的语言如果采用不同的语气来表达，则可以产生不同的心理效应。

据说意大利一位演员用悲怆的语气朗诵阿拉伯数字，听者竟进入悲剧的氛围而凄然泪下；而我国著名演员赵丹朗诵菜谱则像诗歌般优美动人，使听者如痴如醉。由此可见，语气不仅可以使语言表达更顺畅，在表情达意方面，有时甚至超过语言本身。例如，打电话时，同是一个"啊"字，运用不同的语气，便可以分别表示明白、听不清、惊讶、终于弄懂了等内容，听者自然会产生相应的反馈。一个单字尚有如此精妙的变化，一个句子就更能"变幻莫测"了。为此，我们一定要把握好语调，让我们的口语真正显得声情并茂、充满生机。

我们在用证据表达某种情感的时候，不仅要注意各种语气的含义、注意语气与说话内容的一致、注意语气与措辞的一致及语气之间的协调，而且还要注意语气、内容、措辞的交叉运用。因为只有这样，我们的讲话才能取得比较好的效果。

不说废话，重在攻心

任何人都不喜欢别人在自己面前喋喋不休，因为面对"优"于自己的人，我们都会油然而生抗拒心理，而对那些主动示"弱"的人，我们却非常愿意表达接近他的"爱"心。见多识广的人往往要承受更多人的"反对"，因此也就屡屡饱尝失败的果实，而表面上"无知无识"的人，却能减免许多人为的阻力，一步步迈向成功。

当马克·吐温还是一名普通船员的时候，罗克岛铁路公司打算建一座大桥，把罗克岛和达文波特两个城市连接起来。那个时候，轮船是运输小麦、熏肉和其他物资的重要工具。所以，轮船公司把水运权当成上帝赐予他们的特权。如果铁路桥修建成功，自然也就葬送了他们的特权，毁了他们的财路，因此轮船公司竭力对修桥提案进行阻挠。于是，美国运输史上最著名的一个案子开庭了。

轮船公司的辩护律师韦德，是相当有名的铁嘴。法庭辩论的最后一天，听众云集。韦德滔滔不绝，足足讲了两个小时。

轮到罗克岛铁路公司的律师发言时，听众就不耐烦了，怕他也说起来没完。这也正是韦德的计谋。然而，那位律师只说了1分钟，不可思议的1分钟，这个案子就此闻名。

他站起身平静地说："首先，我对控方律师的滔滔雄辩表示

钦佩！然而，陆地运输远比水上运输重要，这是任何人都改变不了的事实。各位陪审，你们要裁决的唯一问题是，对于未来发展而言，陆地运输和水上运输哪一个更重要？哪一个不可阻挡？"

片刻之后，陪审团做出裁决，建桥方获胜。那位律师高高瘦瘦，衣衫简陋，他的名字叫作亚伯拉罕·林肯。

韦德既想炫耀自己的口才，又想拖延时间，因此滔滔不绝、口若悬河，但是他却没有想到这样的喋喋不休会让听众厌烦，更没想到林肯有那么机智的反应，因此更让他的长篇大论惹人生厌。

这种规律在营销领域尤其突出，我们常常发现一些说话滔滔不绝的业务员通常还不如那些沉默的业务员。

所以西方人说："与人交谈，犹如弹弦一般，当别人感到乏味时，便要把弦按住，使它停止振动、发声。"当你忍不住要发牢骚时，请多想想这样所带来的恶果吧。

话说多了，会显得夸夸其谈，油嘴滑舌；言多必失，祸从口出，这时最好的办法是学会静心倾听。注意听，给人的印象是谦虚好学，专心稳重，诚实可靠；认真听，能减少不成熟的评论，避免不必要的误解；善于听，让你拥有丰富的人脉资源。

表现情绪又以理服人

讲话时诚挚的态度来源于讲话人对听众的尊重，只有这样，才能得到听众的尊重和信任，如果讲话者态度倨傲，以势压人，也就不可能得到听众的信任和尊重。这种诚挚的态度在讲话中应该具体地表现为襟怀坦白，观点鲜明。

"诚挚"不等于"迁就"，诚挚感情应当融进话里所表达的观点之中，使观点更鲜明，使每一句话都是感情的凝聚、心声的流露，使讲话情动于中、寓情于理，尤其是某些批评性的讲话更要注意这一点。

小说《高山下的花环》中，雷军长在战前动员会上的即兴讲话震撼人心，痛快淋漓，关键就在于他的讲话观点鲜明，态度诚挚。当时，高干子弟赵蒙生的母亲利用职权为儿子逃避上前线"开后门"，在连队即将开赴前线杀敌时，把电话摇到前沿指挥所找雷军长说情。这件事让雷军长大发雷霆，他在对指战员的讲话中，怒吼道："我的大炮就要万炮轰鸣！我的装甲车就要隆隆开进！我的千军万马就要去杀敌！就要去拼命！就要去流血！！可刚才，有那么个神通广大的贵妇人，她竟有本事从几千里之外，把电话要到我这前沿指挥所！此刻我指挥所的电话，分分秒秒，千金难买！可那贵妇人来电话干啥？她来电话是让我给她儿子开后门，让我关照关照她儿子！奶奶娘，什么贵妇人，一个贱骨头！她真是狗胆包天！她儿子何许人也？此人原是军机关干事，眼下就在你们师某连当指导员……奶奶娘，走后门，她竟敢走到我这流血牺牲的战场上！我在电话上把她臭骂了一顿！我雷某不管她是天老爷的夫人，还是地老爷的太太，走后门，谁敢把后门走到我这流血牺牲的战场上，没二话，我雷某要让她儿子第一个扛上炸药包，去炸碉堡……"

雷军长态度鲜明，充满激情的讲话博得了广大指战员撼天动地的掌声，也使受到严厉批评的赵蒙生痛感愧悔。赵蒙生经过激烈的思想斗争，终于立下献身祖国的壮志，并在战斗中荣立了大功。

雷军长的讲话充满了对歪风邪气的愤恨，尽管他没有用更多的语言去表达他对广大战士的深切的爱，但是他那诚挚的感情，深刻而鲜明的观点，已经融入他的讲话之中，使广大战士和赵蒙

生同时感受到强烈的震动。可以想象，如果雷军长面对"走后门"和"逃兵行为"采取吞吞吐吐，甚至"迁就"的态度，怎么能使赵蒙生翻然悔悟，怎么能说是对赵蒙生的爱护呢？同时，也必然伤害了广大战士的积极性，严重地挫伤部队的战斗力。

雷军长以诚恳而鲜明的态度发表的这段充满激情的即席讲话，对包括赵蒙生在内的广大指战员是一次极好的战前动员。雷军长虽是小说中的人物，但这种讲话方式很值得讲话者学习。

找到共同经历和兴趣

有心理学家曾人为地对某大学的学生集体宿舍进行了安排，他们先以测验和问卷的形式了解了部分学生的性情、态度、信念、兴趣、爱好和价值观等，然后把这些学生分为志趣相似和相异的，然后把志趣相似的学生安排在同一房间，再把志趣相异的也安排在同一房间，然后就不再干扰他们的生活和学习。过了一段时间，再对这些学生进行调查，发现志趣相似的同屋人一般都成了朋友，而那些志趣相异的则未能成为朋友。可见，人们都倾向于喜欢那些和自己相似的人。

那么，人为什么会喜欢与自己有相似性情、类似经历的人交往呢？你想过其背后的深层原因吗？心理学研究发现，当人们与和自己持有相似观点的人交往时，能够得到对方的肯定，增加"自我正确"的安心感。他们之间发生冲突的机会较少，容易获得对方的支持，很少会受到伤害，比较容易获得安全感。

此外，有相似性情的人容易组成一个群体。人们通过建立相似性的群体，增强对外界反应的能力，保证反应的正确性。人在一个与自己相似的团体中活动，阻力会比较小，活动更容易进行。

具有相似性的朋友在一起，因为人生观、价值观相同，一起从事的事情也比较多，这样更易于巩固已成的友谊。所以要想赢得别人的喜欢和巩固友谊，可以说一下跟对方相同或相似的经历。因为人们对于跟自己相同或相似的人都有另眼相看的心理。

有同样经历的人，容易找到共同的语言，有了共同的语言，就容易放松警惕，产生亲密的感情。在说服他人时如果我们能掌握这种心理技巧，巧妙地加以利用，就可以缩短两人之间的距离，有效实现自己的目的。

满足虚荣心，适时说服

几乎任何人都爱好虚荣，其特点往往是在他们觉得做没有多大把握的事情时，极乐意看到自己在这些没把握的事情上表现不凡，获得别人的称赞。当你对他们这些没把握的事情中任何一桩加以颂扬时，都会发生你所期望的功效。

人不分男女，无论贵贱，都喜欢听合其心意的赞誉。同时，这种赞誉，能给他们加倍的能力、成就和自信的感觉。这的确是感化人的有效方法。然而，颂扬不当，恰似明珠暗投，更有甚者，反而激起疑惑，甚至反感，这便是懂得颂扬却没有掌握颂扬的诀窍。要使颂扬能够奏效，我们就要掌握各人性情的不同之处，区别对待，有的放矢，从而达到目的，把事情办好。

赞美是一种博取好感和维系好感最有效的方法。它还是促进人继续努力的最强烈的兴奋剂，这是由人性的本能所决定的。因此，在求人办事时可以适时地赞美别人，让事情变得更容易。

相信你到商摊处买过衣服，在你试衣时，卖主肯定会这样说："啊！真漂亮！穿起来非常合身，朴素、大方、有风度。你

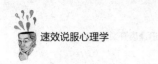

比以前年轻了几岁。"

本来你是不想买那件衣服的,听了卖主的这番话,就"迷迷糊糊"地买回来了。

要想在办事时求人顺利,首先就要澄清自我的主观意识,养成随时都能赞美别人的习惯,这样就会比较容易达到目的。比如,你说:"这件事一定得求你帮忙。"就不如说:"你一向乐于助人,这件事我想你一定会帮我办好的。"前者只是一般的请求;而后者在请求之中,还带有一种赞美之情和充分的信赖感。在一般情况下,人家也就不好拒绝请求了。

小黄是某所的高级工程师,和妻子两地分居10多年了,钱花了很多,礼也送了不少,但妻子就是调不过来。这事搞得小黄精疲力竭,但又无可奈何。此时,在他妻子调动过程中起关键作用的某局又换局长了,新上任的局长是从外地调来的。小黄听说这位新局长能急人之所急,为群众办实事,于是他先了解了几个受到新局长帮助过的例子,然后登门拜访。

他一开始没谈自己此行的目的,先是捧这位新局长,说他做的比较突出的政绩,称赞他是真正为人民做实事的公仆。新局长也很谦虚,说:"哪里,哪里,他们的确有困难,有的已经分居好几年了,就是调不到一起,我只是做了我应该做的事。"

到了这个关口,小黄提出了自己的请求:"局长,我也有点小事,需要麻烦您。我和妻子已经两地分居10多年了,一直没有解决,本来打算放弃,可我听大家都在说您的政绩,心中仰慕,就来请您帮帮忙。"接着小黄介绍了一下自己的情况,局长让他回去静候佳音。果然,一纸调令到手,小黄全家团聚。

在这个事例中,小黄是有求于人的,他所求的是这位局长的分内之事,并且这位局长也因之声名远扬。小黄首先对局长进行吹捧，使局长在兴头上轻松地解决了自己长期悬而未决的问题。只知道诉苦，让别人帮忙，激发别人的同情心，是远远不够的。

表明自己顾及对方的感受

很多人往往习惯将自己的想法、意见强加给别人，总觉得自己的做法、意见才是最好的。虽然出发点都是好心，是为了帮助别人解决某些问题，但是却始终没有站在对方的立场上想过这样是否适合。

和别人商谈事情时，我们应该站在对方的立场仔细想想，关心询问对方对这件事情的看法和应该如何解决这个问题，而不是直接讲一番自我的大道理来逼迫对方接受。

在与对方沟通时，站在对方立场上，才能让别人听着顺耳，觉得舒服。站在对方立场上，设身处地地想，设身处地地说，如此，不仅能使他人快乐，也能使自己快乐。这就是心理学上讲的"同理心"。

站在对方的立场考虑问题，你会发现，你跟他有了共同语言，他所思所想、所喜所恶，都变得可以理解。在各种交往中，你都可以从容应对，要么伸出理解的援手，要么防范对方的恶招。许多人不懂得如何站在对方立场上思考和说话，这是导致很多事情做不成功的一大原因。

站在他人的立场上说话，能给他人一种为他着想的感觉，这种投其所好的技巧常常具有极强的说服力。要做到这一点，"知己知彼"十分重要，唯先知彼，而后方能从对方立场上考虑问题。成功的说服语言，有赖于发现对方的真实需要，并且在实现自我目标的同时给对方指出一条可行的路径。

　　某精密机械总厂生产某项新产品，将其部分部件委托另外一家小型工厂制造，当该小型工厂将零件的半成品呈示总厂时，不料全不合该厂要求。由于交货日期迫在眉睫，总厂负责人只得令其尽快重新制造，但小厂负责人认为他是完全按总厂的规格制造的，不想再重新制造，双方僵持了许久。

　　总厂负责人在问明原委后，便对小厂负责人说："我想这件事完全是由于我们设计不周所致，而且还令你吃了亏，实在抱歉。今天幸好是由于你们帮忙，才让我们发现竟然有这样的缺点。只是事到如今，事情总是要完成的，你们不妨将它制造得更完美一点，这样对你我双方都是有好处的。"那位小厂负责人听完，欣然应允。

　　也许你会质疑："站在对方的立场上说来容易，实际要做的时候却很难。"没错，站在对方立场来说话确实不容易，但却不是不可能。许多口才不错的人都能确实做到这一点。因为如果不如此做，谈话成功的希望就可能是很小的。

　　真正会说话的人，善于运用"同理心"，努力地站在他人的角度来设想，并且乐此不疲。然而，他们也并非一开始就能做得很好，而是从一次次的说服过程中吸收经验、记取教训，不断培养自己养成这种习惯，最后才达到这样的境界。因此，只要你愿意，这并不是件太大的难事。

　　站在对方的立场上思考和说话，设身处地为别人着想，往往能让人非常感动。现在有一个很流行的说法是"理解万岁"，一个人最大的痛苦之一就是没人理解，如果我们能站在他人的立场上说话，那对于对方来说是一种莫大的幸福。

　　美国汽车大王福特说过："如果说成功有秘诀的话，那就是站在对方立场上认识和思考问题。"如果你与别人意见不一致了，假若能站在对方的立场上认识和思考问题，你也许会发现自己错了。而且如果你肯主动承认错误，就会使矛盾很快得到解决，还能赢得他人的喜欢。

引导对方发现自己的弱点

当你想改变一个人做某一件事的方法，将新方法推荐给对方时，对方不一定愿意采用你的新方法，他会感觉还是老方法好。即使你是上司，也要记得，说服总比强迫好，用说服的方法会使你得到更大、更长远的好处。

你的目的不外乎是让他抛弃旧思想，接受你的新思想，但是除非他完全相信你的新方法好于他的旧方法，而且还能给他带来更大的好处，他才可能放弃他的旧思想，接受你的新思想。为了使别人更顺畅地接受你的思想，要引导他客观地、实事求是地检查他自己的情况，以便于你指出并暴露他的弱点。

当你发现了对方弱点的时候，你就可以用这个弱点说服他接受你的观点。当他明白那确实是他的弱点的时候，他就会敞开胸怀接受你的建议。当你想说服某人接受你的观点时，最好是先让他开口说话，让他替他自己的情况辩护。但你心里清楚你占有优势，这样，在他辩护时就不可避免地要暴露出自己的弱点，你可以用这些弱点攻破他的防线，但最好还是让他自己发现自身的弱点。

你怎么才能让他透露他的观点呢？不妨向他提出一些主要的问题。为了帮助你尽快掌握这种方法，让我们听听美国一家大公司的企业关系部主任谢利·贝内特女士是怎么说的。

"如果我的一个新计划或者一种新思想遭遇一个雇员的阻力，我总会想方设法听听他的意见。"贝内特女士说，"他的

意见总能给我一些提示，让我找到向他发问的门路。因为他在谈话中，会多多少少暴露出一些弱点，实际上，他也知道这些弱点，但这些弱点对我都是大有帮助的。我请他把反对理由的要点再考虑几次，然后通过询问他还有什么其他想补充的以发掘更多的情况。

"通过询问一系列的问题，我能够得到他认为是重要的各种情况。在宣布我的主张之前，我要告诉他我对他的观点很感兴趣。一开始我让他多讲话，但绝不能让他操纵这次对话。我要通过提问来控制形势，我越问，他的话就会越少，到后来就会张口结舌。这样，我就完全掌握了主动权。如果你想确保你的思想方法战胜他的思想方法，你就让他设身处地发现他自己的弱点，那样他就会心甘情愿地接受你的观点了。"

你也可以像贝内特女士那样做，如果你让说服对象先发表他们的看法，他们就会暴露自己的思想，你就会发现他们的弱点。当他们意识到自己在谈话中有漏洞的时候，就会更愿意接受你的观点。

当然，如果你发现他的旧方法比你的新方法更好，则应保留旧方法而丢弃你的新方法，其结果依然对你有利。

"不言之言"能获得信赖感

中国有句古话："不言之言。"这说明保持沉默也能达到说服的效果。

美国前总统尼克松就是善于用"沉默"战术赢得公众支持的领导人。

1960年美国总统的选举，尼克松和肯尼迪是一对竞争激烈的对手。尼克松以其时任副总统之职，在开始时占绝对的优势，但选举的结果，肯尼迪扭转了形势，获得胜利。

1968年，尼克松再次竞选美国总统，他汲取上次失败的教训，想要彻底改变形象。他所采用的技巧之一就是沉默说服。

这次的选举对尼克松来说，形势远比上次艰难，因为他首先必须打败洛克菲勒等强劲的对手，取得共和党的提名。所以，尼克松在迈阿密的共和党大会中，尽量保持沉默稳重，表现得对自己很有信心。他说话时，除了强调"法和秩序"以及"尽力达到完美境地"，绝口不提其他具体的策略，希望能借此完全沉默的战略，给人以可信赖感，彻底改变他的"败犬尼克松"的形象。结果，他的战略成功了，他不仅以微弱的优势获得共和党提名，还在总统大选中，大败民主党对手，荣登美国总统宝座。

在人们的印象中，一般都认为说服应当凭借好口才，用语言攻势打败对方，让人信服。其实不然，偶尔采取沉默战术同样可以达到说服的效果。沉默可以引起对方注意，使对方产生迫切想了解你的念头。以下我们就来看看一个利用沉默成功说服的例子。

一家著名的电机制造厂召开管理员会议，会议的主题是"关于人才培育的问题"。会议一开始，山崎董事就用他那特有的声音提出自己的意见："我们公司根本没有发挥人才培训的作用，整个培训体系形同虚设，虽然现在有新进职员的职前训练，但之后在职进修的成效却不显著。职员们只能靠自己的摸索来熟悉工作情况，很难与当今经济发展的速度衔接在一起，因而造成公司职员素质水平普通低下、效益不高。所以我建议应该成立一个让职员进修的培训机构，不知大家看法如何？"

"你所说的问题的确存在，但说到要成立一个专门负责培训

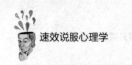

职员的机构，我们不是已经有这种机构了吗？据我了解，它也发挥了一定的功用，我认为这一点可以不用担心……"社长说。

"诚如社长所说，我们公司已经有这个机构了，但它并没有发挥实际作用。实际上，职员根本无法从中得到任何指导，只能跟着一些老职员学习那些已经过时的东西，这怎么能够将职员的业务水平迅速提升呢？而且我观察到许多职员往往越做越没有信心、越做越没干劲。所以，我认为它的功能不佳，所以还是坚持……"山崎不卑不亢地说。

"山崎，你一定要和我唱反调吗？好，我们暂时不谈这个话题，会议结束后，我们再做一番调查。"社长有些生气。

就这样，一个月后公司主管们重新召开关于人才培训的会议。这次社长首先发言。

"首先我要向山崎道歉，上次我错怪他了。他的提案中所陈述的问题确实存在。这个月我对公司进行了抽样调查，结果发现公司的培训机构竟然未能发挥应有的功效。因此，今天召集大家开会是想讨论一下应该如何改变目前人才培育的方法，请大家尽量发表意见吧！"

社长的话一出口，大家就开始七嘴八舌地提出建议，但令人奇怪的是，这一次山崎董事始终一语不发地坐在原位，安静地聆听着大家的意见，直到最后他都没说一句话。

会议结束以后，社长把山崎董事叫进社长办公室晤谈。"今天你怎么啦？为什么一句话也不说？这个建议不是你上次开会时提出来的吗？"

"没错，是我先提出来的。"山崎说，"不过上次开会我把该说的都说了，其实那时无非是想引起社长你对这个问题的重视罢了。现在的目的已经达到，我又何必再说一次呢？还不如多听听大家的建议。"

"是吗？不错，在此之前我反对过你的提议，你却连一句辩解也没有。今天大家提出的各种建议都显得很空洞，没有实际的意义，反倒是你的沉默让我感到这个问题带来的压力。这样吧，这件事就交给你去办好了！今天起由你全权负责公司的人才培训工作。请好好努力吧！"社长终于交底了。

"是，谢谢您对我的信任，我一定会努力把这件事做好！"山崎说。

这个例子是个沉默说服法的典型案例。如果你真能适时地利用沉默，它有时发挥的作用可能要比说话大得多。

【说服心理学实战】

恋爱婚姻总要两情相悦，如果有人对你一往情深地告白，你却根本不喜欢对方，该怎样拒绝才能把伤害减到最低呢？言语暗示就是一种很好的方法。

每个人都有爱与被爱的权利，如果对方请人转告或是暗示，希望与你建立恋爱关系，而你的心里对此人并不满意，那当然就要拒绝他。

但是，拒绝爱的语言要恰当、委婉，既要把自己的意思表达清楚，让对方没有心存幻想的余地，又不要太不近人情，尤其是对身边的同事或同学，拒绝对方的求爱更应该注意。如果你当时不加考虑生硬地说"不"，或许若干年以后，你会后悔当初拒绝的除了爱情还有友情。

某医院的护士小刘长得文静又机灵，大家都很喜欢她。这天下班，同科室刚从医学院分配来的郑医师对她说："小刘，一同去吃饭好吗？我想跟你说一件很重要的事。"

小刘一听，心里便明白了"重要"的含义。于是她笑着说："好哇！我正好找你帮个忙。"

郑医师一听高兴极了，放松了心情说："行，只要是你的事，我一定两肋插刀。"

小刘又笑了："可没那么严重，只不过是我男朋友脸上生了几个痘痘，我想问你用什么药比较好？"

对于这样的推辞方法，通常情况下都很有效。

因为谁都明白"强扭的瓜不甜"这个道理。再说，这样辞爱大家都不伤面子，"爱"字与"不"字都没有从口里说出，只不过心照不宣罢了，日后见面，彼此同事还是同事，朋友还是朋友，并不会在心里设置障碍。

辞爱的方式各式各样，你可以选择最适合自己的，也可以参考他人的。

著名剧作家萧伯纳的辞爱方式，可以说是辞爱的经典。

有一日，萧伯纳收到著名舞蹈家邓肯的求爱信，她在情信中写道："如果我们结合，有一个孩子，有着和你一样的脑袋，和我一样的身姿，那该多美妙啊！"

萧伯纳看了信后，很委婉而又很幽默地回了她一封信，他在回信中说："依我看那个孩子的命运不一定会那么好，假如他有我这样的身体，你那样的脑袋岂不糟糕了吗？"

其实，萧伯纳的这种委婉且幽默的暗示方式非常适合用于同事或是同学中间，能在谈笑风生中让对方明白你拒绝他的意思，这是再好不过的了。

当一个人爱上一个异性，在他/她的心目中肯定不想只是做朋友那么简单，所以对方在这个关系定位上，要非常清晰。当跟暗恋自己的人见面时，要明确以"朋友"的态度对待他/她，绝不可令他/她有任何遐想，但说话不可以太直接，以免伤害对方的自尊心。

第五章

从人性弱点处下手，进行说服

用权威效应影响对方

权威效应，又称为权威暗示效应，是指一个人如果地位高，有威信，受人敬重，那么他所说的话及所做的事就容易引起别人重视，并让他们相信其正确性，即"人微言轻、人贵言重"。

美国的心理学家曾经做过一个实验：在给某大学心理学系的学生们讲课时，向学生介绍一位从外校请来的教师，说这位教师是从德国来的著名化学家。试验中这位"化学家"煞有其事地拿出了一个装有蒸馏水的瓶子，说这是他新发现的一种化学物质，有些气味，请在座的学生闻到气味时就举手，结果多数学生都举起了手。对于本来没有气味的蒸馏水，由于这位"权威"的心理学家的语言暗示而让多数学生都认为它有气味。

每个人都对身边的人或对社会有一定的影响力，但影响力的大小各有不同，一般来说，权威人物容易对其他人产生更大的影响。假如你的眼睛不适，到医院就诊，如果其他条件相同，有一位眼科专家和一位刚从医学院毕业的年轻大夫供你选择，你会选择哪个呢？相信你一定会选择专家，这些都说明，权威对我们的影响力要超出常人。

为什么有这种权威效应的存在呢？首先是由于人们有"安全心理"，即人们总认为权威人物往往是正确的楷模，服从他们会使自己具备安全感，增加不会出错的"保险系数"；其次是由于人们有"赞许心理"，即人们总认为权威人物的要求往往和社会规范相一致，按照权威人物的要求去做，会得到各方面的赞许和奖励。

被权威效应所引导，一个非常明显的例子就是美国的汽车。在美国，汽车是一种尤其能引起人们兴趣的地位标志，根据旧金山进行的一项调查发现，拥有名车的人更能受到人们的尊重，而试验也证明，绿灯亮起来的时候，人们往往会根据停在前面的车是名车还是普通车型而确定是否以按喇叭的方式进行催促。如果是名车，排在后面的人往往愿意等得久一些，而如果是普通车，他们就会很快不耐烦了。坐在名车里面的人就一定是受人尊重的人吗？当然未必，但是他的车是名车，所以在别人的眼里，他这个人的地位自然就被提升了。

另外一个例子就是牙膏广告，当追问看过广告的受众，广告中有哪些人物的时候，人们普遍都提到了医生。不错，医生的身份就是用来影响受众的，广告主利用的就是人们对医生的专业性和权威性的认同。但是问题在于，广告中并没有明确告诉你穿白大褂的就是医生，这是营销中对权威效应的绝妙应用，是基于对人们心理的深刻把握。

在企业中，领导也可以利用权威效应去引导和改变下属的工作态度以及行为，这往往比命令的效果更好。因为，一个优秀的领导肯定是企业的权威，或者为企业培养了一个权威，然后利用权威暗示效应进行领导。当然，要树立权威就必须要先对权威有

一个全面深层的理解，这样才能正确地树立权威，才能让权威保持得更加长久。

在生活中，我们如果要说服他人，可以引入权威效应，引导对方的态度和行为。如果有人跟你的看法有冲突，你可以找到一个权威人物曾经说过的话或做过的事的证据，这个人多半就会认同你的。

利用从众心理将其同化

在日常生活中，人们的很多行为都受从众心理的影响。例如，大街上有两个人吵架，本没有什么大事，但围观的人越来越多，甚至导致交通堵塞。在超市的特价商品区，一大群家庭主妇争先恐后地抢购一些她们未必需要而价格也未必实惠的商品……

这些就是"从众行为"，通俗地说就是"人云亦云""随大流"，大家都这么认为，自己也就这么认为；大家都这么做，自己也就跟着这么做。

为什么会产生从众行为呢？这是因为，群体成员如果发现自己的行为和意见与群体不一致，或与群体中大多数人有分歧时，就会感到有压力，这种压力促使他趋向于与群体保持一致。也只有与众人保持一致，才会有"没有错"的安全感，即使错了，也会因为"大家都这样"而感到安慰。

在生活中，如果我们可以恰到好处地应用从众心理，它就可以成为一种十分有力的武器，帮助我们起到同化对方的作用，让对方在寡不敌众的劣势下，不得不妥协，而加入群体之中来。

从众心理对人们行为的影响已被商家意识到，并灵活地应用到了各种销售战略上。例如，一家卖烤鸭的连锁店，在分店开张时，就会雇用一大群人，围在店门口，制造人气，吸引顾客。再如，向年轻人推销笔记本电脑时，就先雇一些大学生，让他们随时随地携带。这种故意烘托出的氛围对其他潜在消费者来说，是一个相当大的诱惑：这么多人都有，而且这么享受，自己也要去买一台。

利用从众心理可以帮助我们集聚众人、增加人气，也可以在绝大多数人的意见一致时，对个别人起协调作用，使之与集体保持一致，可以概括为：以众敌寡，逐渐同化。例如，与其用说教的方法强迫孩子读书，不如让他和喜欢读书的孩子在一起。虽然刚开始时，他会觉得别扭，不大合群，但久而久之就会被同化，变得喜欢读书。再如，如果想让那些不喜欢发言的职工在会议中开口说话，就可以让一些"引导人"先发言，从众心理会使那些不爱发言的人也不由得采取了"同调行动"，踊跃发言。

在现实生活中，少数服从多数的原则会对人们造成很大影响，给少数派的人造成很大的压力，使其心理立场发生动摇，最终放弃自己的主张而被别人同化。有时，我们为了获得这样的效果，则需要制造一种以众敌寡的压倒性局面和氛围，迫使对方就范。

总之，要劝服一个人遵从自己的意见，可以采取以众敌寡，逐渐同化的方法。一个人唇焦舌干地苦苦相劝，可能并不能达到说服的效果，而让多个人轮流去劝说，就会给对方造成压力，使其被同化。

先声夺人，反客为主

人总是欺软怕硬的，遇到弱小的一方总是喜欢以强欺弱，非

得把对方逼到无路可退的境地。这是人的一种劣根性。如果你居于弱势地位，当对方不肯轻易顺从你的意见，甚至显示出一种居高临下的姿态时，可以用"恐吓"压制住对方，从而让对方屈从和改变主意，反客为主，占据主动地位。

《三国演义》中讲到，曹操率领大军南征，刘备败退，无力反击，大有坐以待毙之势。以刘备单独的力量，绝对无法与曹操的势力相抗衡，解决的办法只有一个，就是与江东的孙权联手。此时，诸葛亮自愿出使到江东做说客，他并不是像一般人那样低声下气地求孙权，而是采用"反客为主"的方法，表现出一副强硬的态度，激发了孙权的自尊心。

当时，东吴孙权自恃拥有江东全土和十万精兵，又有长江天堑作为天然屏障，大有坐观江北各路诸侯恶斗的态势。他断定诸葛亮此来是做说客，采取了一种居高临下的姿态等待着诸葛亮的哀求。

不想诸葛亮见到孙权，开门见山地说道："现在正值天下大乱之际，将军你举兵江东，我主刘备募兵汉南，同时和曹操争夺天下。但是，曹操几乎将天下完全平定了，现在正进军荆州，名震天下，各路英雄尽被其所网罗，因而造成我主刘备今日之败退，将军你是否也要权衡自己的力量，以处置目前的情势？如果将军的军势足以与曹军相抗衡，则应尽快与曹军断交才好。"

诸葛亮只字不提联吴抗曹的请求，他知道孙权绝不会轻易投降，屈居曹操之下。

孙权听完诸葛亮一席话，虽然不高兴，但不露声色，反问道："照你的说法，刘备为何不向曹操投降呢？"

诸葛亮针对孙权的质问，答道："你知道齐王田横的故事吗？他忠义可嘉，为了不服侍二主，在汉高祖招降时不愿称臣而自我了断，更何况我主刘皇叔乃堂堂汉室之后。钦慕刘皇叔之英迈资质，而投到他旗下的优秀人才不计其数，不论事成或不成，都只能说是天意，怎可向曹贼投降？"

虽然孙权决定和刘备联手，但面对着曹操八十万大军的势力，心里还存在不少疑惑。诸葛亮看出这一点，进一步采用分析事实的方法说服孙权。

"曹操大军长途远征，这是兵家大忌。他为追赶我军，轻骑兵一整夜急行三百余里，已是'强弩之末'。且曹军多系北方人，不习水性，不惯水战。再则荆州新失，城中百姓为曹操所胁，绝不会心悦诚服。现在假如将军的精兵能和我们并肩作战，定能打败曹军。曹军北退，自然形成三分天下的局面，这是难得的机会。"于是，孙权遂同意诸葛亮提出的孙刘联手抗曹的主张，这才有了后来举世闻名的赤壁之战。诸葛亮真不愧为求人高手。

活着就是一种对抗，如果你不想被对方压倒，那你就得先声夺人，反客为主，时刻占据上风才能赢。

利用人的自利心理

在交际的过程中，我们无时无刻不在说服别人，但有的人说服总是啰啰唆唆说半天却没有什么效果，而有些人简单几句话就能让别人信服。实际上，后者成功的关键就在于抓住了被说服对象的切身利益，利用人的自利心理，使他的心弦受到颤动，促使他深入思考，从而放弃自己消极的、错误的行动。

巴西球王贝利，在很小的时候就显示出了踢球的天赋，并且取得了不俗的成绩。有一次，贝利参加了一场激烈的足球比赛。赛后，伙伴们都精疲力竭，有几位小球员点上了香烟，说是能解

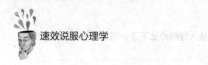

除疲劳。贝利见状，也要了一支。

他得意地抽着烟，看着淡淡的烟雾从嘴里喷出来，觉得自己很潇洒、很前卫。不巧的是，这一幕被前来看望他的父亲撞见。晚上，贝利的父亲坐在椅子上问他："你今天抽烟了？"

"抽了。"贝利红着脸，低下了头，准备接受父亲的训斥。

但是，父亲并没有这样做。他从椅子上站起来，在屋子里来回地走了好半天，这才开口说话："孩子，你踢球有几分天赋，如果你勤学苦练，将来或许会有点儿出息。但是，你应该明白足球运动的前提是你具有良好的身体素质，但今天你抽烟了。也许你会说，我只是第一次，我只抽了一根，以后不再抽了。但你应该明白，有了第一次便会有第二次、第三次……每次你都会想：仅仅一根，不会有什么关系的。但天长日久，你会渐渐上瘾，你的身体就会不如从前，而你最喜欢的足球可能因此渐渐地离你远去。"

父亲顿了顿，接着说："作为父亲，我有责任教育你向好的方向努力，也有责任制止你的不良行为。但是，是向好的方向努力，还是向坏的方向滑去，主要还是取决于你自己。"

说到这里，父亲问贝利："你是愿意在烟雾中损坏身体，还是愿意做个有出息的足球运动员呢？你已经懂事了，自己做出选择吧！"

说着，父亲从口袋里掏出一沓钞票，递给贝利，并说道："如果不愿做个有出息的运动员，执意要抽烟，这些钱就作为你抽烟的费用吧！"说完，父亲走了出去。

贝利望着父亲远去的背影，仔细回味着父亲那深沉而又恳切的话语，不由得掩面而泣，过了一会儿，他止住了哭，拿起钞票，来到父亲的面前："爸爸，我再也不抽烟了，我一定要做个有出息的运动员！"

从此，贝利训练更加刻苦。后来，他终于成为一代球王。至今，贝利仍旧不抽烟。

一个人最关心的往往是与自己有关的利益，因为人们毕竟生活在一个很现实的社会里，虽不能说"人为财死，鸟为食亡"，但人要生存，就离不开各种与己有关的利益。所以，当你想要劝说某人时，应当利用人的自利心理，告诉他这样做对他有什么好处，不这样做则会带来什么样的不利后果，相信他不会不为所动。

单刀直入，开门见山

很多时候，当我们站在对方面前，准备说服对方时，对方早已经有了心理准备。这时，我们所想的托词和寒暄的话可能都没有必要，双方心里都清楚这次谈话的目的。如果是这样，我们完全可以采用单刀直入、开门见山的方式开始谈话，反而可以占得先机。

战国时，齐国的孟尝君主张合纵抗秦，他的门客公孙弘对孟尝君说："您不妨派人到西方观察一下秦王。如果秦王是个具有帝王之资的君主，您恐怕连做属臣都不可能，哪里顾得上跟秦国作对呢？如果秦王是个不肖的君主，那时您再合纵跟秦作对也不算晚。"孟尝君说："好，那就请您去一趟。"公孙弘便带着十辆车前往秦国。

秦昭王听说此事，想用言辞羞辱公孙弘。公孙弘拜见秦昭王，秦昭王问："薛这个地方有多大？"公孙弘回答说："方圆百里。"秦昭王笑道："我的国家土地纵横数千里，还不敢与人为敌。如今孟尝君就这么点地盘，居然想同我对抗，这能行

吗？"公孙弘说："孟尝君喜欢贤人，而您却不喜欢贤人。"秦昭王问："孟尝君喜欢贤人，怎么讲？"公孙弘说："能坚持正义，在天子面前不屈服，不讨好诸侯，得志时不愧于为人主，不得志时不甘为人臣，像这样的士，孟尝君那里有三位。善于治国，可以做管仲、商鞅的老师，其主张如果被听从施行，就能使君主成就王霸之业，像这样的士，孟尝君那里有五位。充任使者，遭到对方拥有万辆兵车君主的侮辱，像我这样敢于用自己的鲜血溅洒对方的衣服的，孟尝君那里有十个。"

秦昭王笑着道歉说："您何必如此呢？我对孟尝君是很友好的，并准备以贵客之礼接待他，希望您一定要向他说明我的心意。"公孙弘答应着回国了。

有的时候，一言就能定输赢，紧紧抓住要点，一针见血，给人一种简洁、干练的感觉，冗长的客套话往往会引起对方反感。

现实生活中，开门见山的表达方法，可以说明自己的信心、信念和不可动摇的意愿，并以一定的口吻促使对方改变原来的主意，不再因考虑细小枝节而就关键性的问题和你抗衡。

开门见山战术在辩场上常以发问形式出现。如果对方避而不答，可以追问他们不答复的理由。如果答复不能自圆其说，或其所说不利于发问者，发问者可以立即进行辩驳。一般情况下，开门见山的发问，对被问者来说都是不好对付的。正由于此，被问者在慌乱中往往会出现词不达意或越答越错的现象，这样，发问者便可以轻而易举地将对手击败了。

抓住人珍爱某物的心理

遇到不合作的对手，我们有时似乎无可奈何。不过如果我们能找到对方的关键所在，在对方最重要的地方下手，在对方最害怕的地方下刀，再顽固的对手也只得举手投降，任你摆布。

美国第六任总统亚当斯是一个令记者头痛的人物，他从来不愿轻易表露自己的观点，往往使很多记者失望而去。有位叫安妮·罗亚尔的女记者一直很想了解总统关于银行问题的看法，但屡次采访都没有结果。

后来，她了解到总统有个习惯，喜欢在黎明前一两个小时起床、散步、骑马或去河边裸泳。于是，她心生一计。

一天，她尾随总统来到河边，先藏身树后，待亚当斯下水以后便坐在他的衣服上喊道："游过来，总统。"

亚当斯满脸通红，吃惊地问道："你要干什么？"

"我是一名女记者。"她回答道，"几个月来我一直想见到你，就国家银行的问题做一次采访。可是，你从来不给我这个机会，现在我正坐在你的衣服上。你不让我采访就别想得到它，是回答我的问题还是在水里待一辈子，你自己选吧。"

亚当斯本想骗走女记者，"让我上岸穿好衣服，我保证让你采访。请到树丛后面去，等我穿衣服。"

"不，绝对不行"，罗亚尔急促地说，"你若上岸来抱衣服，我就要喊了，那边有三个钓鱼的。"

最后，亚当斯无可奈何地待在水里回答了她的问题。

名誉和地位是总统最致命的地方，在他的心中，好名声甚至比生命还重要。女记者巧妙地利用了这一点，轻而易举地达到了目的。

事实证明，在某人的"软肋"上痛下杀手，能获得比正面迎击好千倍的理想效果。

抓住某人对某事物的珍爱心理，不惜一次又一次使用破坏性的手段，对方一定会主动让步，接受你的操纵和牵制，最终为你

所用。

把对手的底细摸透，了如指掌，始终是战胜对手的一个重要前提。一个人的实际状况是不会轻易显现的，这需要耐心细致的调查和取证才能搞清，因此不下大功夫是不行的，没有捷径可走。

没有底牌可出的对手是最脆弱的，在他们的要害处轻轻一击，也就致命了。了解他们的虚实，便会掌握他们的动态，从他们的弱点下手，被动的就不会是自己。

给对方一个好的名声

要说服一个人，最好先把他抬高，给他一个超乎事实的美名，就像用《灰姑娘》里的仙棒点在他身上，使他从头至脚焕然一新一样。

从孩子的天性中我们可以发现：当我们称赞夸奖他们时，他们是何等高兴、满足。其实，我们所称赞的优点他们并不一定具有，只是我们期望他们做到这点而已。这就是一种典型的戴高帽之例。在我们与人交往时，何不效仿这一做法？不管是大人还是小孩子，都喜欢别人给自己一个美名，如果他们没有做到这一点，他们内心也会朝此目标努力，因为他们知道这样就可以得到一个美名，获得他人的赞许。

假如一个好工人变成了粗制滥造的工人，你会怎么做？你可以解雇他，但这并不能解决任何问题；你也可以责骂那个工人，但这只能引起怨怒。

亨利·汉克，是印第安纳州洛威市一家卡车经销商的服务经理。公司里有一个工人，工作效率每况愈下。但亨利·汉克没有对他吼叫或威胁，而是把他叫到办公室，跟他进行了坦诚的交谈。

他说："希尔，你是个很棒的技工。你在这里工作也有好几年了，你修的车子也都很令顾客满意。有很多人都称赞你的技术好。可是最近，你完成一件工作所需要的时间却加长了，而且你的质量也比不上你以前的水平。也许我们可以一起想个办法来解决这个问题。"

希尔回答说，他并不知道自己没有尽到职责，他向上司保证，自己以后一定改进。

他做到了吗？他肯定做到了。他曾经是一个优秀的技工，他怎么会做些不及过去的事呢？

包汀火车厂的董事长撒慕尔·华克莱说："假如你尊重一个人，这个人是容易被诱导的，尤其是当你显示出你尊重他是因为他有某种能力时。"

对于那些地位显赫、有权有势的人，想要说服他，更要学会先抬高后说服的策略。

古代，有位宰相请理发师给他修面。那理发师修面修到一半时，忽然停下来，两眼直愣愣地看着宰相的肚皮。

宰相见理发师傻乎乎发愣的样子，心里很纳闷：这平平板板的肚皮有什么好看呢？就问道："你不修面，却看我肚皮，这是为什么呢？"

"听人们说，宰相肚里能撑船，我看大人您的肚皮并不大，怎么可以撑船呢？"

宰相一听，哈哈大笑。

"那是讲宰相的度量十分大，能容天容地容古今，对鸡毛蒜皮的小事从不斤斤计较。"

理发师一听这话，"扑通"一声跪倒在地，哭着说："小人

该死，方才修面时不小心，将大人您的眉毛刮掉了，万望大人大德大量，恕小的一罪！"

宰相听到自己的眉毛被刮掉了，不禁怒从心起，正想发作，转念一想：刚才自己还讲宰相的度量很大，我又怎好为这点小事给他治罪呢？于是，只好说："不妨，用眉笔把眉添上就行了。"

聪明的理发师以曲折迂回之法，层层诱导宰相进入自己早已设定的能进难退的"布袋"中，避免了一场灾难。

假如你要从某方面去改变一个人，就假装他已经有了这种杰出的特质。莎士比亚曾说："假如他没有一种德行，就假装他有吧！"给他一个好的名声来作为努力的方向，他就会找到目标，努力向上，而不愿看到自己的美名丢失。

从得意事说起，进行说服

每个人都有一些自己认为值得终身纪念的事。如果能预先打听清楚，在有意无意之间，很自然地提到对方得意的事情。只要他对你没有厌恶的情绪，在正常的情况下，他一定会高兴地听你说的，当然，此时说服他就容易得多了。

当然，在说服的时候要注意技巧。表示敬佩时，不要过分推崇，否则会引起他的不安。对于事情的关键，要慎重提出，加以正反两方面的阐述，使他认为你是他的知己。到了这个时候，他自然会格外高兴，并且会亲自讲述。此时，你应该一面听一面说几句表示赞赏的话，如此一来，即使他是个冷淡的人，也会变得和蔼可亲。你再利用这个机会，稍稍暗示你的意思，进行试探，以此作为第二次进攻的基点。这是你说服他的初步成功，对于涉世经验不丰富的人来说，得此成绩，已不算坏。假如想一举成功，除非对方与你素有交情，又正逢高兴，而且对你的谈吐也很容易接受，否则千万不要存此奢望。

不过，至于对方得意的事情要从哪里去探听，那当然要另谋途径，试着在你的朋友之中找一下有没有与对方交往的人，如果有，向他探听当然是最容易的。或留心报纸上的新闻以及其他刊物上的消息，平日记牢对方的得意之事，到时便可以应用。此外，随时留心交际场合中的谈话，像这些时候谈到对方得意的事情，也是很平常的。但是必须注意，对方得意的事情，是否曾遭到某种打击，如果有这种情形，千万别再提起，以免引起对方不快，反而对你不利。因为对方在高兴的时候，对你的请求，易于接受；对方在不高兴的时候，即使极平常的请求，也会遭到拒绝。比如，对方新近做成了一笔生意，你称赞他目光精准，手腕灵活，引得他眉飞色舞，再乘机暗示来意。诸如此类的例子很多，关键在于你是否随时留心让对方得意的事情，并且善于利用这些事情让对方高兴，进而达到自己的目的。

不过，当你提出请求时，第一，要看时机是否成熟；第二，说服过程中要不卑不亢。过分显出哀求的神情，反而会引发对方藐视你的心理。尽管你的心里十分着急，但说话时还是要表现得大方自然，同时不要只为自己打算，还要说出对方能得到什么。

先给甜头、再提要求

很多深谙人情世故之道的人指出：让对方知恩图报，心甘情愿地帮你办事是求人的一个很好的方法。为此，我们不妨先让对方尝到些甜头，即蒙受些自己的恩惠，然后再提出要求，通常都

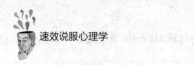

会很容易成功的。

法国皇帝路易十四当政期间，王宫挥金如土，穷奢极侈，出现了严重的财政危机。路易十四为满足其挥霍享用的需要，打算向著名银行家也就是自己的老朋友贝尔纳尔借钱，可惜却遭到了拒绝。因为贝尔纳尔早已风闻此事，而且傲气十足。

钱要借，国王也不能卑躬屈膝吧！路易十四左思右想，设下一计：

有一天下午，国王从马尔利宫走出来，和经常陪同他的宫廷人员一起逛花园。他走到一幢房子门前停了下来，那座房子的门敞开着，德马雷正在里面设盛宴款待贝尔纳尔先生。当然，这桌宴席是事先奉国王之命准备的。

德马雷看见国王，急忙上前行礼。路易十四满面笑容，故作惊讶地看着他们说："啊！财政总监先生，我很高兴看到你和贝尔纳尔先生。"国王又转向后者说："贝尔纳尔先生，我的老朋友，好久不见……对了，你从来没有见过马尔利宫吧，我带你去看看，然后我再把你交给德马雷先生。"

这是贝尔纳尔没有料想到的事，他感到能得到国王的邀请非常幸福和荣幸。于是，贝尔纳尔跟在国王身后到养鱼池、饮水槽、塔朗特小森林和葡萄架搭成的绿廊等处游玩了一遍。

国王一边请贝尔纳尔观赏，一边滔滔不绝地说了些为了达到某种目的而惯用的漂亮话。路易十四的随从们知道他一向少言寡语，看到他如此讨好贝尔纳尔都感到很惊奇。

游玩之后，路易十四还送给了他一箱非常贵重的葡萄酒，说希望他们的友谊地久天长。贝尔纳尔极度兴奋，答谢后回到德马雷那里，他赞叹国王对他如此厚爱，说他甘愿冒破产的危险也不愿让这位优雅的国王陷入困境。

听了这番话，德马雷趁着贝尔纳尔心醉神迷的时候，提出了向他借600万元巨款的要求，贝尔纳尔欣然应允。

这600万元可不是一笔小数目，路易十四能如愿以偿，当然不只是因为他们的朋友关系和国王的面子，他的"糖衣战法"求人策略也起了很大作用。

中国人常说"吃人家嘴软，拿人家手短"，一旦接受了人家的好处，占了人家的便宜，再想拒绝人家的请求，就不那么好意思开口了。

中国人重人情、讲面子，聪明人运用这一战术，"糖衣炮弹"一出手，往往一发命中，而且屡试不爽。因此，在求朋友办事时，尤其是一些交情不太深厚的朋友，我们不妨先给他点甜头，让对方高兴或欠个人情，这样他就会全力帮我们了。

以商量口吻柔中取胜

任何人都是有自尊、讲面子的，所以，在说服他人的过程中，多用与他商量的口气，少下命令，这样不但能避免伤害别人的自尊，而且会使他们觉得你平易近人，进而乐于接受你的建议，与你友好地合作。

张先生在工商界是赫赫有名的高级管理人员。据说他从不用命令式的口吻说服别人，他要别人遵照自己的意思去工作时，总是用商量的口气去说。譬如，有人会说："我叫你这么做，你就这么做。"他从不这么说，而是用商量的口气说："你看这样做好不好呢？"假如他要秘书写一封信，他把大意和要点讲了之后，再问一下秘书："你看这样写是不是妥当？"等秘书写好请他过目，他看后觉得还有要修改的地方，又会说："如果这样写，你看是不是更好一些？"他虽然处于发号施令的地位，

可是却懂得别人是不爱听命令的，所以不用命令的口气，却获得了良好的效果。

张先生的这种做法，使得每个人都愿意和他相处，并乐于按他的意愿做事。所以，当我们要说服某个人时，最好也多用建议的口吻。

肖恩是一所职业学校的老师，他有一个学生迟到了，肖恩以非常凶悍的口吻问道："你怎么能浪费大家的时间？不知道大家都在等你吗？"

当学生回答时，他又吼道："你回去吧，既然不想听我的课，以后也不用来了。"

这位学生是错了，不应该不先打个招呼，耽误了其他同学上课。但从那天起，不只这位学生对肖恩的举止感到不满，全班的学生都与他过不去。

他原本完全可以用不同的方式处理这件事，假如他友善地问："你有什么事情要处理吗？问题解决了吗？"并说，"如果你这样有事情不事先通知，大家的课程也都耽误了。"这位学生一定很乐意接受，而且其他的同学也不会那么生气了。

所以，要说服他人最好别用命令的口吻，不然，不但达不到你想要的说服效果，还可能使事情越弄越糟。多使用建议的口吻，会让对方更愿意接受你的说服，而且维持了对方的自尊，使他们认为自己很重要，以后将会更积极地配合你，而不是反抗你。

恳求不行可激将

求人办事，如果遇到正面恳求难以达成目的的情况，就不妨从反方向上努力，采取激将法。我们为了让对方动摇或改变原来的立场和态度，利用一些略带贬损意义的、不太公正的话给对方罩上一顶"帽子"，而对方一旦被罩上这顶帽子，就会激起一种极力维护自我良好形象的欲望，从而用语言或行动表明自己不是这样，自动地去改变原来的立场和态度。

概括地讲，激将法的用法很多，这里略举几种。

1. 直接激将法

直接激将法就是面对面地贬低对方，刺激之、羞辱之、激怒之，以达到使他"跳起来"的目的。

例如，某厂改革用人制度，决定对中层干部张榜招贤。榜贴出后，大家都看着能力、技术俱佳的技术员大刘。然而，大刘正在犹豫。一位老工人找了去，直言相激："大刘，你不是大学的高才生吗？大家巴望着你出息呢！没想到，你连个车间主任的位子都不敢接，真是个窝囊废！""我是窝囊废？"大刘跳了起来，说，"我非干出个样儿来不可！"他当场揭榜出任车间主任。

2. 暗中激将法

暗中激将，就是有意识地褒扬第三者，暗中贬低对方，激发他压倒、超过第三者的决心。换而言之，就是通过"旁敲侧击"或"弦外拨音"，委婉地传递信息。这种方式有利于激发目标人物的潜能。

例如，小王性格非常内向，公司要提拔他进管理层，可是他非常担心自己的性格会应付不来管理层的工作。于是，他就找老同学小刘唠叨唠叨。小刘看到小王犹豫不决的样子，说："谁规定的管理者都是外向型的人了？你看人家小赵（小王和小刘的同学），内向得都快成'闷葫芦'了，还不照样做项目经理？人家还能年年拿先进呢！"听了这话，小王想想，也是那么回事。后来，经过自己的努力，小王也成了公司的优秀管理者之一。

3.诱导激将法

激言有时不是简单的否定、贬低，而是"激中有导"，用明确的或诱导性的语言，把对方的热情激起来。

例如，某校一个调皮的学生，学习成绩很差。一次，他打了一位同学，还自夸是拳击能手。老师叫住他说："打架算什么英雄？有本事你跟他比学习。你期末考试如果能赶上人家，那才是真正的英雄呢！"一句话激得这个调皮的学生发愤图强，后来，他果然有了明显的进步。

"水激石则鸣，人激志则宏"，说的就是这个道理。请将不如激将，这种求人方法往往能激发起对方巨大的潜能。

抬高一方让其主动退出

在现实生活中，难免会遇见亲朋好友等为了某些事和别的人发生冲突与纠纷，需要你出面做和事佬的情况。但是，和事佬并不好做，这是个两边不讨好的差事，如果没有比较高超的语言技巧，我们往往会把自己陷进去，成为一方甚至双方攻击的对象。但是，冲突总得有人调解，或许这个人就是自己，那该怎么办呢？

俗话说，"一个巴掌拍不响"。在双方接受我们来进行调解之后，可以考虑主攻一方，让其主动退出争执，另一方没了冲突对象，纠纷自然化解了。

让当事人为顾全面子而退出争执。对一方当事人进行夸奖，讲述他曾经有过的可引以为自豪的事情，唤起他的荣誉感，使之为了保全荣誉感和面子，主动退出争执。这种方式对于绝大多数受过良好教育的人都非常有效，因为荣誉和颜面往往是他们很看重的，是他们约束自己的动力。

　　小王与小刘是学校新来的两位年轻教师，小王心细，考虑事情周到；小刘性情鲁莽，但业务能力强。两人因一件小事发生争执，小王说不过小刘，并且被小刘训了一顿，觉得非常委屈，就去向校长诉苦。校长说："小王啊，你脾气好，办事周到，大家都很欣赏你。你是个细致的人，小刘是个急性子，脾气上来了连自己说了什么都不知道。你怎么能和他计较呢？你一向都非常注意团结同事、不感情用事的，怎么能为了这么点事情就觉得委屈呢？"一番话说得小王心里又甜又酸，从此再不与同事争执了。

　　事例中，校长就是巧妙地运用了这一方法。他先夸奖小王，然后强调两人之间的差距，让听话者受到赞扬，从而轻易化解了两人之间的冲突。

　　不过，这个调解办法在使用时必须注意不可伤害到另一方的自尊，你对一方的"抬高"最好不要当着另一方的面说，否则会事倍功半，收效不佳。

　　此外，跟当事人说一件很重要的事，让他感觉到自己的地位及价值的存在，从而退出争执，也是一种不错的方法技巧。冲突的持续，往往是一种非理性情绪支配的结果。所以，如果在调解冲突时，提出一件足以唤起一方理性思考的事情，转移其注意力，往往也能达到让一方退出争执、化解冲突的目的。

【说服心理学实战】

任何一位领导都希望自己能有效领导下属，要想达成这个目的，首先就要摸透下属的性格，根据其特点采取不同的领导策略，从而使其在工作岗位上既发挥能力，又发挥潜力。

一般来说，下属的性格大体可以分为情绪不稳定型、"硬汉子"型和循规蹈矩型、勤奋而低效率型四种，各有特点，适合的被领导策略也各有不同。

1.情绪不稳定的下属

有些员工工作情绪不稳定，忽冷忽热，"热"起来埋头苦干，废寝忘食，成绩也特别出色；但"冷"起来，又散漫松懈，毫无斗志。

这种人大都视工作为磨难，在工作中寻找不到快乐，但又不会轻易丢开工作，因为工作是谋生的手段。他们往往没有吃苦耐劳的精神，没有挑战困难的勇气，而对享受垂涎三尺，并精通玩之道，凡能使他们得到乐趣的地方，他们都会不惜代价，亲自去体验一番。但这种人也有优点，比如性格开朗、惹人喜爱，并且重感情、善交际。

对于这样的人，领导该如何正确使用？稍有头脑的领导就会知道，这种人不能不用，但也不宜重用。理由很简单，这种人尽管略有才能，并且善于交际，但情绪不稳定，易受外界的影响，往往在很多关键时刻不能当机立断、勇往直前；在遇到困难时，束手无策、怨天尤人，不能坦然地直视困难。因此，对这种人委以重任，恐怕他们也无力担当。但这种人并非无用之才，假如能量体裁衣，给他们选择一种适合的岗位，挖掘他们的潜力，就能够做出成绩。

当然，也不能一概而论，有些情绪不稳定的人也的确是可塑之才，如果领导开导、栽培得当，也能使其成为公司栋梁。

2. "硬汉子"的下属

这里说的"硬汉子"就是那些很有个人原则，不轻易接受失败的人，他们个性很强，有自己独立的见解，性格坦诚、直爽，说话从不拐弯抹角。

这种人一般不受领导喜欢，因为他们爱当面提意见，并且毫不含蓄，批评领导也不避讳，常常使领导感到难堪。他们遇事果断、头脑清晰、思维敏捷。他们从不会被困难吓倒，往往具有"明知山有虎，偏向虎山行"的精神，相信人能克服一切艰难险阻。他们不会因一时的挫折而情绪低落、一蹶不振，而是相信乌云过后必是晴天。

这种人优点很多，但在公司内的日子并不好过，那些懒散员工憎恨他们，那些无才无学的人妒忌他们，那些阿谀奉承上司的人疏远他们……遇到称职的领导还好，专制昏庸的领导则会给他们穿小鞋，使他们这种"千里马"找不到用武之地。

所以，称职的领导不但会用这种人才，还会重点栽培，给他们一些私人辅导，使他们在待人接物、应付人际关系时掌握一定的技巧。有许多称职的领导，在选择自己的接班人时，往往把目标对准这种"硬汉子"。

一个成功的领导不但会识人，而且会正确地用人，绝对不会浪费一个人才。对于那些有才有识但性格耿直的"硬汉子"，成功的领导不会计较他们的直言不逊，这种下属的才识才是他最器重的，"千军易得，一将难求"，作为领导，一定要善待那些有才但也有缺点的人，这对你的事业发展非常有益。

3.循规蹈矩的下属

有些下属天生缺乏创意，喜欢模仿别人，做人、处世的方法和语言都按照别人的样子，既没有自己的主见，也没有自己的风格。没有现成的规矩，他们就不知该如何行事。

这种人往往没有突破性的发现，对新观点、新事物接受较慢。他们墨守成规，实际情况发生变化时，不知道灵活运用，只是搬出老套路，寻找依据。世界上的事物瞬息万变，但这种人不知以变应变，因此，他们难以应付新情况、新事物。

这种人缺乏远见，也没有多少潜力可挖，他们的发展水平存在一个局限，一生中难以超越这个局限，因此，这种人不宜委以重任。但这种人也有他们的优点，他们做事认真负责，容易管理，虽没有什么创新，但把一般的事情交给他们去办，他们能够按照领导的意图和指示进行处理，往往还能把事情做得让领导万分满意。

所以，领导如果能把一些琐事委任于这类人，他们就能够按照领导的指示，模仿领导的做事风格，搬用领导的做事方法，把事情完成得非常符合要求，因而也能令领导放心和满意。

4.勤奋而低效率的下属

有些员工非常勤奋地工作，仿佛时间从来都不够用一样，上班时最早到公司，而下班时，别人都走了，他们还埋头苦干。他们不知疲倦，如同蜜蜂采蜜一样，忙忙碌碌，丝毫不敢怠慢一点。但检查起他们的工作时，却令人吃惊，他们的工作效率极低。

对于这样的人，有的领导对之冷漠，但大部分领导还是喜欢他们的，确切地说是同情。对于一个如此为自己拼命卖力的人，领导如果不赏识器重，似乎从良心上感到有点过不去。

　　当然，这种人不能不用，因为他们废寝忘食、兢兢业业的工作精神可以做大家的楷模，这种人应多给予表彰，精神上和物质上都要给予奖励，但也仅仅是奖励而已，绝不可贸然提升他们，他们绝对不是做管理者的人才。

第六章

获取内在认同，打开对方心门

欲抑先扬的心理策略

未批先夸，实际上就是一种欲抑先扬的心理策略，即在批评别人时，先找出对方的长处称赞一番，然后再提出批评，最后再使用一些鼓励性的词语。这种方法使人认为你的批评是公正客观的，自己既有过失，也有成绩。这样就减少了因批评所带来的抵触情绪，能收到良好的说服效果。

某领导发现秘书写的总结有不妥之处。他是这样批评秘书的："小张，这份总结总的来说写得不错，思路清楚，重点突出，有几处写得很有见地，看来你下了功夫。只是有几个地方提法不妥，有些言过其实，有的地方尚缺定量分析，麻烦你再修改一下。你的文笔不错，过去几次写总结也是越修改越好，相信你这次也一定能改出一个好总结来。"

这样说，秘书会感到领导对自己很公正、很器重，充满期望和信任，因而就会很卖力地把总结改好了。

当某人听到别人对他的某些长处表示赞赏之后，再听到对他的批评，心里往往会好受得多。比如，你刚在某人左脸上亲吻了一下，当他还在回味那甜蜜的感觉时，你再在他右脸上给一巴掌，这时他疼痛的感觉肯定没有只打不亲时强烈。

柯立芝任美国总统期间，一天对女秘书说："你今天穿的衣服很漂亮，你真是一位年轻迷人的小姐。"

女秘书受宠若惊，因为这可能是沉默寡言的柯立芝对她的最大夸奖了。但柯立芝话锋一转，又说："另外，我还想告诉你，以后抄写时标点符号要注意一下。"

像柯立芝这样在批评之前先表扬对方，来营造批评的氛围，能让对方在愉悦的赞扬中同样愉悦地接受批评。因为人在听到别人对自己的某些长处的表扬之后，再听到他的批评，心里往往会容易接受得多。

不得不提的是，有的人认为先讲赞扬的话，再批评，带有操纵人的意味，用意过于明显，所以不喜欢用。这种说法也有一定道理，因为当你找到某人就表扬他，他根本听不进你的表扬，他只是想知道，另一棒会在什么时候打下来——表扬之后有什么坏消息降临。所以，在更多的时候，许多人把表扬放在批评之后，当用表扬结束批评时，人们考虑的是自己的行为，而不是你的态度。

看人下菜碟，让人心欢喜

人的地位有高低之分，年龄有长幼之别，因而因人而异、突出个性的赞美比一般化的拍马屁能收到更好的效果。老年人总希望别人不忘记他"想当年"的业绩与雄风，同其交谈时，可以多称赞他引以为豪的过去；对年轻人不妨赞扬他的创造才能和开拓精神，并举出几点实例证明他的确能够前程似锦；对于经商的人，可以称赞他头脑灵活，生财有道；对于知识分子，可以称赞

他知识渊博、宁静淡泊……这些都是恰如其分的。而如果夸一个中年妇女活泼可爱、单纯善良就会不伦不类，弄不好会招致臭骂。赞美你的领导发家有方、日进斗金，恐怕升迁就渺茫了。

要夸别人，应有一种"战无不胜"的信心。人都是有弱点的，再谦虚，再不近人情，再标榜不喜欢听甜言蜜语的人，其实都是喜欢别人"说好话"的，但要恰如其分。比如，营业员与顾客在商品质量、价格等方面争执不下时，营业员改换话题，称赞这位顾客真有眼光，这衣服款式是最新的，面料也好，特别畅销。再夸她能说会道，真会砍价，我们这儿从没这么低的价钱了。顾客一定喜欢听，不好意思再争下去，说不定很快就买下来了。

每个人都有自己的长处，这方面往往是他花费了精力才获得的，如果你对他的这方面表示承认，并且表示得谦虚一些，对他显露出求教的意思，给他充分展现自己特长的机会，他一定会很高兴。

吴局长除了精于本职业务，对书法也颇有研究。一次部下小丁去拜访他，恰巧碰到他在写字。"哎呀，没想到吴老的字写得这么好。"精明的小丁一副发现新大陆的样子。

"哪里哪里，胡乱涂鸦罢了。"吴老很谦虚。"我以前也学了两年书法，但总不得要领。不知道吴老有什么绝招，可不可以教教我？"小丁虚心求教。"你也喜欢书法？那太好了！"

吴老像遇到知己一样，兴奋地对自己的部下说起来。

接下来宾主自然是谈得非常投机。临走时，吴老还送了小丁一副自己的字。小丁将它往自己办公室一挂，当然增光不少，吴局长也更喜欢他了。

虚荣是人的天性，希望被满足的欲望是强烈的，我们与别人交流的时候可以先明白对方的虚荣所在，然后用一些恰当的话去满足这种虚荣，看人下菜碟儿，对方一定会非常受用。

替人着想，击中要害

对如何有效地说服他人，美国汽车大王福特说过一句话："假如有什么成功秘诀的话，就是设身处地替别人着想，了解别人的态度和观点。"因为这样不但能得到你与对方的沟通机会，而且能更清楚地了解对方的思想轨迹及其中的"要害点"，瞄准目标，击中"要害"，使你的说服力大大提高。

曾经有人说，要想让别人相信你是对的，并按照你的意见行事，首先必须要人们喜欢你，否则你就要失败。可是，如果我们不能设身处地站在别人的角度，又怎么可能让对方喜欢呢？说服时，不考虑对方的立场，或是找些莫名其妙的理由来搪塞，都会使事情更难处理。上下级间之所以经常口角，不外是双方只考虑自己立场的缘故。要站在对方立场来说话，实在不是件容易的事。

一个常在办公室抽烟的职员，曾经发誓戒烟，持续了1个月后，忍不住又去抽了。本来做上司的想："不是说不抽了吗？怎么又开始抽呢？"但改口用这样的口气说："戒烟可不容易啊，你能坚持1个多月，已经很不简单了！"部下听了一定会自生惭愧，心里暗下决心，坚决把烟戒掉。

上司这样的说法就很容易让职员理解。因为上司是替他着想，知道戒烟是不容易的事情，即便偶尔抽一支，也是可以理解的。这样的说法不但让职员下了台，还会让职员下决心不再犯同样的错误。

同样，有家电视台，每周设置一次关于人生问题讲座的节目，收视率比其他时段的节目高出许多。收视率之所以偏高，当

然有许多的原因，但其中最重要的原因，是观众们喜欢节目中的巧妙答话。

大多数有疑难问题而上电视请教的观众，在开始时会对解答者所做的种种忠告提出反驳或辩解，并且显得十分不情愿接受对方所言。但久而久之，在不知不觉中对解答者所说的每一句话都颔首称是，看着电视画面，觉得比在电影院看一场电影还要好。

对于不易说服的人，最好的办法就是使对方认为你与他是站在同一立场的。通常出现在这类探讨有关人生问题的电视节目上的观众，离婚女子占多数。此时负责解答疑难者常说的一句话是："如果我是你，我会原谅你，而且绝不与他分手。"

你千万别认为话中的"如果我是你"只是短短的、单纯的一句话而已，它能发挥的效力是不可限量的。这也是由于人人都认为"自己是最可爱的"心理所致。如果你在说服别人的过程中，无意间使用了一些不太妥当的言辞，那么你巧妙地运用这句"如果我是你"，就会弥补你言辞上的过失。不仅如此，它还能促使对方做自我反省，并最终感觉到唯有你的忠言，才是对他最有利的。

修饰言辞不可忽视

要想在说服谈话中提高自己的影响力，使用什么样的词语很重要。实际上，针对不同的人挑选不同的词汇，是一个很重要的谈话技巧。恰当地使用词汇有以下几个方面需要注意。

1.注重空谷回音

这里所说"空谷回音"，就是使用对方所说的词汇，对方刚刚说的某个术语、俚语或是口头语，你可以马上把它用在自己说的话里面，这会让对方感到很亲切。尤其是对于一些术语或是俚语，使用对方所说的词能够表现出对对方极大的支持和肯定。

2. 善用感官用词

你要把握好不同感官偏好的人对于不同的词汇也有偏好。不同类型的人所习惯使用的感官用词是不同的，对于他的偏好你要在倾听对方说话时多多留意。当你发现对方的感官偏好时，就可以在你说话的措辞上尽量使用对方所习惯用的那些词汇类型。

3. 懂得使用习惯用语

习惯用语俗称口头禅，是一个人习惯性使用的词汇。口头禅有一些是时尚的流行语，也有一些是非常具有个人色彩的。不管是什么样的习惯用语，如果你想提升自己的影响力，就可以在和对方说话的时候主动使用它，甚至你可以使用得比对方还要频繁。这种亲切和亲密的感觉会令对方很惊喜，因为你和对方的习惯用语一样，对方会认为你俩的观念、性格、生活都比较相近。

4. 避免使用的词汇

有一些词汇在谈话中要尽量避免出现。为了不引起对方的反感，避免争执，说话时可以尽量使用比较中性的词语，不要把话说得太满。词语的选择同样需要敏锐的洞察力，尤其是对于对方话语中的语言细节要多加留意。

5. 语句不要重叠使用

有些人会说："为什么、为什么？"答应别人一件事，说一个或最多两个"好"字已经够了，但有些人却说"好好好好……"，或是说"再见再见"。其实，除非是要特别引人注意，或加强力量、提升自己的影响力时，才用得着重叠句子。

6. 勿过多使用同样的名词

无论什么新奇可喜的名词，多用便会失去它动人的价值。王

尔德说："第一次用花来比喻女人是最聪明的人，第二次再用的人便是愚蠢了。"人都喜欢新鲜的东西，我们虽不必拘泥王尔德所说的那样，每说一事，就要创造一个新名词，但把一个名词在同一时期中重复使用，是会使人厌倦的。

此外，注意不要用同样的形容词来形容不同的事物。

避免伤害他人的自尊心

有这样一种现象：设计相同、质地相同的高级女服，价格越贵越容易销售。一家服饰店的老板讲了这样一件事。

有一次，店中刚雇佣不久的店员对一位正在挑选西装的顾客劝说道："这边是比较便宜的！"结果这位顾客突然大怒，气势汹汹地说道："什么比较便宜，我又不是没钱，你太没礼貌了！"后来，老板赶紧连声道歉才算了事。

如果是在超级市场内，"便宜"是说服顾客购买的最好宣传词。但是，时间、地点不同，它就会产生完全不同的效果。

这种情况不限于商业中，在我们说服对方的过程中，常常因为没有考虑到对方的自尊心、虚荣心，使用了不慎重的态度或语言而失败。尤其是说服自尊心、虚荣心强的人时，这种情况便会成为必然。因此，说服就必须注意不伤害对方的自尊心、虚荣心，照顾到对方的"自我意识"。

这是因为，自尊心、虚荣心有时是不能以利益关系来衡量的。例如，美国曾经以"你常看什么杂志？"为题进行过问卷调查，大多数的人都填写了高级杂志的名称，而填写有低级趣味的杂志名称的人寥寥无几，然而实际上完全相反。就连无须署名，丝毫不会伤害体面的问卷调查尚且不吐真言，可想而知这种人如果处于被说服的境地，会更加维护自己的面子，进一步加厚心中的屏障，使你的说服难以进行。

自尊和自负都是由于自我膨胀，都有一种不仅在表面上而且在内心也想压倒他人的一种心理。虚荣心则可以说是一种想让别人更高地估计自己、扩大自我的一种心理。它们的表现形式是多种多样的，例如，执着地追求名誉或想拥有大量物品等。但是，无论怎样表现，都是"要使自己压倒所有的人"的这种心理在作怪。这种自己要高于一切的欲望，往往助长了过于自信的坏毛病，并且本人不可能有自知之明，渐渐形成了自尊心和虚荣心。

其实，每个人都不想降低自我的标准，想使自己永远处于优势，永保"高大"的自我形象。因此，这种人担心接受说服会降低膨胀后的自我标准，对此所产生的抗拒力、抵抗感及防卫反应也很强。这里有两种表现形式，一种是阻止自己发现真正的自我，另一种是担心说服者知道自己的真正自我，所以就采取不愿接受说服的态度。

当对方心理深层中的自尊心和虚荣心阻碍说服时，他会采取什么样的态度呢？

首先，在你对他进行说服时，他毫无顾忌地打断你的谈话，说："知道了，知道了。"可以说这是自尊心、虚荣心的强烈表现。这也是不想让对方进一步涉及已经膨胀了的"自我意识"，想维护自己的想法，实行我行我素这种深层心理的表现。

"知道了，知道了"这句话中含有"你不要再说了，你是不是不信任我？""我知道了，你不必再啰唆"的意思。另外，蔑视对方时也往往有这种心理，因此，他们会说"你怎么竟说起我来了？也不看看自己是什么身份……"等。采取这种态度的人，都是在极力维护自己的自尊和虚荣。

有的人在交谈中会突然沉默下来，但他并不是想打断你的谈

话。这些人一般都是因为在谈话中自尊心受到了伤害，采取沉默态度是为了避免再度受到伤害。还有一种表现，不是沉默而是挑剔你的谈话，这也是因为自尊心、虚荣心在交谈中受到了你的否定，所以采取了"自卫"态度。

另外，在经过反复讨论即将得出结论时，他又会问："如果出现这种情况，怎么办？""如果……你怎么办？"等令你焦急的话，或迟迟做不出结论，这一般也是自尊心在作怪。这种表现形式在公司的上司与职员之间尤为多见。

这种表现形式说明对方想让你知道他的能力比你强、地位比你高、知识和信息也比你丰富，包含着"你再说也是徒劳的"这种心理，试图攻击性地进行自我防卫。

如果对方说："虽然你这么说，但我却不那么认为……"或是佯装专心听你说服，其实心不在焉，这也是担心自尊心受到说服者的伤害而为膨胀了的"自我意识"设置一条防线的表现。一般来说，当对方提出莫名其妙的要求，或故意回答得模棱两可时，也同样是为了避免自尊心受到伤害而采取的拒绝态度。

在要说服年龄比自己大的人时，假如对方一再说"年轻人真好"等来强调代沟意识，多半也是因为心理深层中存在着自尊心。这是害怕说服者伤害到年纪大而且保守的自己，想在自己与说服者之间设置一道围障的心理表现。

可见，具有自尊心的人所采取的态度是多种多样的。但是，最直接表现出这种深层心理的是喜欢自我宣传的人，或想利用夸张行为引起人们注意的人。

很多政治家都有对一切事情均加以夸张的习惯，因此当你对他进行说服时，他会回答说"没问题"，表示要接受你的说服。但是，事实上他往往会彻底拒绝你。

那么，当你要说服的对方对你采取了以上各种态度时，你将怎样做才能在不伤害对方自尊心、虚荣心的前提下取得他的信任，使他接受你的说服呢？相信你的心中一定已经有了答案。

用历史经验作为论据

以史为鉴，于人可以知得失；以古为鉴，于国可以知兴替；小到立身，大到治国，历史都是一面镜子。因此，在辩说中引用历史的经验和教训，极富说服力。

1937年10月11日，罗斯福总统的私人顾问亚历山大·萨克斯受爱因斯坦等科学家的委托，在白宫与罗斯福进行了一次会谈。会谈的主要目的是，要求总统重视原子能的研究，抢在德国之前造出原子弹。

萨克斯先向罗斯福面呈了爱因斯坦的长信，接着读了科学家们关于发现核裂变的备忘录，然而，总统对这些枯燥、深奥的科学论述不感兴趣。虽然萨克斯竭尽全力劝说总统，但罗斯福最后还是说了一句："这些都很有趣，不过政府在现阶段干预此事，似乎还为时过早。"这一次的交谈，萨克斯失败了。第二天，罗斯福邀请萨克斯共进早餐。萨克斯十分珍惜这个机会，决定再尝试一次。

一见面，萨克斯尚未开口，罗斯福便变守为攻，说："今天我们吃饭，不许再谈爱因斯坦的信，一句也不许谈，明白吗？"

萨克斯望着总统含笑的面容说："行，不过我想谈一点历史。"因为他知道，总统虽不懂得物理，却对历史十分精通。

"英法战争期间，"萨克斯接着说，"在欧洲大陆一往无前的拿破仑，在海战中却不顺利。这时，一位年轻的美国发明家罗伯特·富尔顿来到这位伟人面前，建议把法国战舰上的桅杆砍

断，装上蒸汽机，把木板换成钢板，并保证这样便可所向无敌，很快拿下英伦三岛。但是，拿破仑却想，船没有帆就不能航行，木板换成钢板船就会沉没。他认为富尔顿是个疯子，把他赶了出去。历史学家在评价这段历史时认为，如果拿破仑采取了富尔顿的建议，19世纪的历史将会重写。"

萨克斯讲完后，目光深沉地注视着总统，发现总统已陷入了沉思。

过了一会儿，罗斯福平静地对萨克斯说："你胜利了！"萨克斯激动得热泪盈眶，他明白胜利一定会属于盟军。

至此，萨克斯的借古谏君术大功告成。

引用史实可以充分发挥历史事实、典故无可辩驳的说服力，生动形象而且引人入胜，有助于人们从中得出结论。

值得注意的是，所用事例要避开那些已被广泛应用的材料，因为那样会让人觉得平淡无味，对其丧失兴趣，当然也达不到预期的效果。

利用同步心理好说服

什么是同步心理呢？同步心理就是凡事想跟他人同步调、同节奏，也就是"追随潮流主义"，是那种想过他人向往的生活、不愿落于潮流之后的心理在作祟。正是由于同步心理的存在，那种不顾自身财力和精力，也不管是否真心愿意而豁出去做的念头，就很容易趁势而入，支配人们的行为，促使人们盲目地做出与他人相同的举动，因而陷入生活拮据的窘境。

在国内，这种同步心理相当严重。"大家都这样"等类似字眼的频繁使用，正是这种同步心理的体现。

妻子："听说小张买了房子，而且还是座小型花园别墅，总共有90平方米。真好啊！我们的一些朋友都已经陆续有了自己的家。唉，真是让人羡慕，什么时候我们也能和他们一样呢？"

丈夫："啊，小张？真是年轻有为啊！我们也得加快脚步才行，总不能在这里待上一辈子吧。可是贷款购房，利息又沉重得惊人。"

妻子："小张还比你小5岁呢。为什么人家可以，你就不行呢？目前贷款购房的人比比皆是，况且我们家也还负担得起。试试看嘛！不如这个星期我们去看看吧。现在正是促销那种花园别墅的时候。买不买是另一回事，看看也不错！"

于是，星期天一到，夫妇俩就带着孩子去参观正在出售的房子。

妻子："这地方真好啊！环境好又安静，孩子上学也近，而且房价也是我们负担得起的。一切都那么令人满意，不如我们干脆登记一户吧！"

丈夫："嗯，是啊！的确不错。我们应该负担得起。就这么决定吧！"

这句话正中妻子的下怀，她早看准了丈夫的决心一直在动摇。而用旁敲侧击的方法让他做出决定，正是妻子的成功所在。

这位妻子为何能够如愿以偿呢？因为她懂得去激发同步心理。

上述例子中的妻子成功地掌握了丈夫的同步心理，进而采取相应的说服对策。她先举出张先生的例子，继而运用"大家都买了房子""大家都不惜贷款购房"等一连串话语来激发丈夫的同步心理。

通常人们在受到这类刺激后就很容易变得没主见，掉入盲目附和的陷阱。所以，推销员或店员经常会搬出"大家都在用"或"有名的人也都用"等推销话语，促使人们毫不犹豫地接受。

将心比心，启发对方点头

从心理学角度来看，说服的最佳效果是双方达成共同认识，从而启发对方进行心理位置互换，让对方设身处地理解别人的心理。主动调整自己的态度和行为方式，则是达到这一目的的行之有效的方法之一，这种方法叫作将心比心。

下乡知识青年小红在农村和农民小刘结婚，还生了个女儿。后来重逢昔日的恋人，小红欲重修旧好，却又举棋不定，于是向奶奶寻求帮助。

"你的事，奶奶全知道，如今你打算怎么办！"

"不知道，我……我说不出来……"

奶奶说："奶奶知道你委屈。人，谁没有委屈呀。我24岁那年，你爷爷牺牲了，本家本村的都劝我再找个主儿。你曾爷爷跟我说：'女儿，地头还长着呢，往前去一步吧。'我不愿给孩子找个后爹，硬是咬着牙过来了。儿子一个个长大了，参了军，又一个个牺牲了。可我没在人前掉过一滴眼泪。人活着，就是为了别人去受苦、去受难，天底下哪有那么多幸福？要说委屈，就先委屈一下自己吧！"

"可我以后的路该怎么走啊？"

"做人，前半夜想想自己，后半夜想想别人。你和那个小伙子倒是挺般配的，可就算你俩成了，日子过得挺舒心的，你就保准一早一晚地不想小刘他们父女？那时，你虽吃着蜜糖，但却忘不了人家在喝苦水。你甜在嘴上，苦在心里。甜的苦的一掺和，一辈子都是块心病。我今年80岁了，什么苦都尝遍了，可就是没留下一件亏心事。俗话说，'人'字好写，一撇一捺，真正做起来就难了！"奶奶说的话句句动人心。

"奶奶，我懂了。"小红擦了擦眼泪，说，"我今天就回家去带孩子，安心过日子。"

奶奶的劝说语重心长，而且，她用通俗的语言，站在对方的立场上，设身处地为孙女分析情况，从而使孙女做出了正确的选择。

用语言做假设，可以达到将心比心的目的；也可以用实际的行为，现身说法，让对方体验别人的心理，进而对自己的言行进行调整，这样同样可以达到将心比心的目的。

某商店有位营业员很会做生意，他的营业额比一般营业员都高，有人问他："是不是因为能说会道，所以生意兴隆？"他回答说："不是，我的秘密武器是当顾客是自己人。"他总是站在买者的立场上替顾客精打细算，现身说法，使对方的戒备心理、防范心理大大降低，并且产生了认同感，因此说服了对手，做成了生意。

将心比心就是站在对方的角度谋划和考虑，理解对方的心理、对方的需求、对方的困难，因此这种说服方法容易使对方接受，并能达成统一认识。

要说服对方赞同你的观点，你必须与说服对象站在一起，两者的关系越融洽，说服越容易取得成功，这是因为人类有一个共同的天性，即喜欢听"自己人"说的话。美国纽约市立大学的心理学家哈斯也说过："一个酿酒专家也许能给你许多证据证明某一种牌子的啤酒比另一种牌子的要好。但如果你的朋友，不管他对啤酒是否在行，教你选购某种啤酒，你很可能听取他的建议。"

此外，在感情上表现出与你的听众的亲近感与认同感，往往会使你得到巨大的感情回报和共鸣。而一旦建立了这种感情共鸣，就不需要任何苦口婆心的劝诫与说服了。

巧妙设问，以理服人

我们知道，谈话的目的在于让对方接受，而接受的关键在于攻心，攻心的策略要高于攻形千万倍。攻心有正攻有反攻，所谓正攻，即正面说服的意思，其特征是循循善诱。特别是当被说服的对象处于一种对道理不了解的状况时，正面诱导就能起到画龙点睛的作用。在古今许多重要场合，诱导攻心法所产生的作用是采用别的方法所不能代替的。从下面的事例中我们可以学到如何运用诱导攻心法来说服别人。

宋神宗时，孙觉出任福州知州，当时有一些贫苦人因拖欠官府的钱而被送进监狱，孙觉非常同情他们。当时正好有一些富人想出大钱来整修佛殿，正在向孙觉请示。孙觉想了想说："你们施舍钱财，为了什么？"回答说："得福。"孙觉说："佛殿没怎么坏，菩萨像也好好的。假若用这些钱为关在监狱里的人偿还他们所欠的官钱，使之脱离枷锁之苦，那样所得的福岂不更多吗？"富人们无话可说只好答应了。

就这样，孙觉从施舍钱财这一角度出发，将捐钱的目的顺势引到了救人积福方面，使富商们无话可说，因此解救了不少人。

俄国十月革命刚刚胜利的时候，许多农民怀着对沙皇的刻骨仇恨，坚决要求烧掉沙皇住过的宫殿。别人做了多少次工作，农民们都置之不理，表示宫殿非烧不可。最后，只好由列宁亲自出面做说服工作。列宁对农民们说：

"烧房子可以，在烧房子之前，让我讲几句话，可以不可以？"

农民们说："可以。"

列宁问道："沙皇住的房子是谁造的？"

农民们说："是我们造的。"

列宁又问："我们自己造的房子，不让沙皇住，让我们自己的代表住好不好？"

农民们齐声回答："好！"

列宁再问："那么这房子还要不要烧呢？"

农民们觉得列宁讲得好，便同意不烧房子了。

列宁采用的这种"启发式问话"方式，使农民从对沙皇的仇恨中解脱了出来，同时也放弃了原来的想法。

在以上的例子中，政治家们都巧妙地使用了问话的方式，而且问得巧妙。问完之后还要针对对方的答案做进一步说明，使对方不知不觉地进入谈话的圈套中，谈话的主动权就掌握在手里了，结果当然可想而知。

例证是最好的说服手段

现实生活中，总有些虚无缥缈的事情，很难说得明白。而善用生动、众所周知的实例，从中引出一番能为人所领会和接受的道理，再以此类推，把这番道理运用于需要说明的论题，将可大大增加可信度和说服力。

哥伦布经过了18年的准备后，成功越过大西洋，发现新大陆。伟大的创举引起举国欢腾，哥伦布因为这划时代的发现，被视为英雄而受到崇敬。

但也有那么一些无视事实、否认真理的小人想使哥伦布难堪。在一次在为哥伦布庆功的宴会上，有人跳出来发难："听说你在大西洋的彼岸发现了新大陆，但那有什么了不起？任何人通过航行，都可以像你那样到达大西洋彼岸，并发现新大陆。这是

世界上再简单不过的事了，为什么要小题大做呢？"

面对此人的挑衅，哥伦布没有立刻回击，而是从容地站起来，从桌上拿起一个鸡蛋，对在场的客人们说："先生们，这是一个普通的鸡蛋，谁能把它立起来呢？"在座的宾客们一个接一个，试图把鸡蛋立起来，但鸡蛋传了一圈，没有人能成功。这时大家都说，这是不可能的。

于是，哥伦布接过鸡蛋，轻轻地在蛋壳上敲出一个小洞，毫不费力地把鸡蛋立了起来，顿时全场哗然。哥伦布转身对大家说："这不是世界上最简单的事吗？然而你们却说这是不可能办到的。是的，当人们知道了某件事情该怎么做之后，也许谁都能做到了。"

哥伦布以广博的学识、机敏的思想、简明的实例，迅速构成一个严密的类比推理，明白指出，一件事情在未获得验证前，是极度困难的，但只要有人找到解决的方法，这事就变得再简单不过。

对待不同的人要用不同的方法、态度去应对；遇到争论、挑衅，也该针对事物的本质，用不同的方法加以解决，诸如哥伦布所遇到的这类只会越辩越僵的争端，还不如用个简单却极有说服力的例子，让众人心服口服。

不只是哥伦布，许多营销高手也擅长用这一招数说服顾客。

一名中国人带着两位法国朋友去桂林旅游。一到机场，就有一大群人蜂拥而来，其中一名司机大声喊着，"你们住在哪个宾馆？你们从哪儿来？我免费送你们！"免费？中国人觉得不太可信，但又想弄明白这是怎么一回事，便回答说："我从法国来。"

"法国？我拉过法国的客人。等等！在这儿！你看看！"司机翻开自己的笔记本，然后径直把它放到那位中国人和两个法国人面前——那页纸上是手写的法文。这是一对法国夫妇对其服务的热情推荐。

"你们要待几天？让我来招呼你们吧，每天只收400元人民币。"司机说道。看到三位游客会意地点了点头，司机完全放松了。他知道，一旦外国游客看了这本意见簿，这笔交易就算搞定了。他的竞争对手们也都熟悉这一点，于是纷纷撤离。

这位司机非常聪明，看到游客里有两名法国人，欲在诸多竞争者面前说服游客相信自己，举出了自己有接待法国人的经历并收获其好评的证据——"一对法国夫妇对其服务的热情推荐"的笔记。相信没有什么比这更具有说服力了。最终，他也因此而成功了。

正所谓"事实胜于雄辩"，证据确凿的情况下，还有谁会无法被说服呢？

让他感觉帮你像在帮自己

在人际交往过程中，"心理共鸣"是一种以心交心的有效方式，也是一门非常微妙的相处艺术。它不仅可以拉近交际双方心灵的距离，还可以在你求人办事的过程中发挥强大的促进作用。

虽然人与人之间本来就有许多地方是相同的，但是要产生共鸣，还需要相当的说话技巧。当你对另一个人有所求的时候，最好先避开对方的忌讳，不要太早暴露自己的意图，从对方感兴趣的话题谈起，让对方一步步地赞同你的想法，当对方跟着你走完一段路程时，便会不自觉地认同你的观点。

伽利略年轻时就立下雄心壮志，要在科学研究方面有所成就，为此，他希望得到父亲的支持和帮助。

一天，他对父亲说："父亲，我想问您一件事，是什么促成了您同母亲的婚事？"

"我看上她了。"父亲不假思索地答道。

伽利略又问："那您有没有娶过别的女人？"

"没有，孩子。家里的人要我娶一位富有的女士，可我只钟情于你的母亲，她从前可是一位风姿绰约的姑娘。"

伽利略说："您说得一点也没错，她现在依然风韵犹存。您不曾娶过别的女人，因为您爱的是她。您知道，我现在也面临着同样的处境。除了科学，我不可能选择别的职业，我对它的爱有如对一位美貌女子的倾慕。"

父亲说："像倾慕女子那样？你怎么会这样说呢？"

伽利略说："一点也没错，亲爱的父亲，我已经18岁了。别的学生，哪怕是最穷的学生，都已想到自己的婚事，可是我从没想过那方面的事，以后也不会。因为我只愿与科学为伴。"

伽利略继续说："亲爱的父亲，您有才干，但没有力量，而我却能兼而有之。为什么您不能帮助我实现自己的愿望呢？我一定会成为一位杰出的学者，获得教授身份。我能够以此为生，而且比别人生活得更好。"

说到这，父亲为难地说："可我没有钱供你上学。"

接着，伽利略又说："父亲，您听我说，很多穷学生都可以领取奖学金，这钱是公爵宫廷给的。我为什么不能去领一份奖学金呢？您在佛罗伦萨有那么多朋友，您和他们的交情都不错，他们一定会尽力帮忙的。他们只需去问一问公爵的老师奥斯蒂罗·利希就行了，他了解我，知道我的能力……"

父亲被说动了："嗯，你说得有理，这是个好主意。"

伽利略抓住父亲的手，激动地说："我求求您，父亲，求您想个法子，尽力而为。我向您表示感激之情的唯一方式，就是……就是保证成为一个伟大的科学家……"

伽利略最终说动了父亲，他实现了自己的理想，成为一位闻名遐迩的科学家。

这里，伽利略请求父亲帮忙，采用的是"心理共鸣"的说服方法。这种方法一般可以分为以下四个阶段。

（1）导入阶段。先顾左右而言他，以对方当时的心情来体会现在的心情。例如，伽利略先请父亲回忆和母亲恋爱时的情形，引起了父亲的兴趣。

（2）转接阶段。伽利略巧妙地通过这句话把话题转到自己身上——"我现在也面临着同样的处境。"

（3）正题阶段。提出自己的建议和想法。伽利略提出"我只愿与科学为伴"，这也正是他要说服父亲的主题。

（4）结束阶段。明确提出要求。为了使对方容易接受，还可以指出对方这样做的好处。伽利略正是这样做的，他说："……为什么您不能帮助我实现自己的愿望呢？我一定会成为一位杰出的学者，获得教授身份。我能够以此为生，而且比别人生活得更好。"

正是巧妙运用了"心理共鸣"的方法，伽利略终于达到了自己的目的，为最终实现自己的理想奠定了基础。

那么，在日常生活中，我们也不妨试着用这种方法求助别人，往往会带来让你满意的结果。

【说服心理学实战】

人人都有被他人理解的欲望，如果与被求之人有了情感共鸣，满足他"被人理解"的心情，就拉近了彼此的心灵距离，对方也就乐于帮忙了。所以，要达到说服对方的目的，就应该投其所好。只有投其所好，你的话才能在对方心中发生作用。

有一次，美国黑人出版家约翰逊招徕真尼斯无线电公司的广告，当时真尼斯公司的领导是麦克唐纳，他是一个精明能干的总经理。约翰逊写信给他，要求和他面谈真尼斯公司广告在黑人社区中的利害关系，麦克唐纳马上回信说："来函收悉，但不能与你见面，因为我不分管广告。"

约翰逊不能让麦克唐纳用那官腔式的回信来避开他，他拒绝投降。答案是再清楚不过的：麦克唐纳管的是政策，相信也包括广告政策。约翰逊再次给他写信，问他可否去见他，交谈一下关于在黑人社区所执行的广告政策。

"你真是个不达目的誓不罢休的年轻人，我将接见你。但是，如果你要谈在你的刊物上安排广告，我就立即中止接见。"麦克唐纳回信说。

于是就出现一个新问题。他们该谈什么呢？

约翰逊翻阅美国名人录。发现麦克唐纳是一位探险家，在亨生和皮里准将到达北极探险之后的几年，他也去过北极。亨生是个黑人，曾经将他的经验写成书。

这是约翰逊急需的机会。他让在纽约的编辑去找亨生，求他在一本他的书上亲笔签名，好送给麦克唐纳。约翰逊还想起亨生的事迹是写故事的好题材，于是他就从尚未出版的七月号《乌檀》月刊中抽掉一篇文章，以一篇简介亨生的文章代替它。

约翰逊刚步入麦克唐纳的办公室，麦克唐纳第一句话就说："看见那边那双雪鞋没有？那是亨生给我的。我把他当作朋友。你熟悉他写的那本书吗？"

"熟悉。刚好我这儿有一本，他还特地在书上为你签了名。"

麦克唐纳翻阅那本书，接着，他带着挑战的口吻说："你出版了一份黑人杂志。依我看，这份杂志上应该有一篇介绍像亨生这样人物的文章。"

约翰逊表示同意他的意见，并将一本七月号的杂志递给他。他翻阅那本杂志，并点头赞许。约翰逊告诉他说，他创办这份杂志就是为了弘扬像亨生那样克服重重困难而达到最高理想的人的成就。

"你知道，我看不出我们有什么理由不在这份杂志上刊登广告。"麦克唐纳说。

生活中，每个人都免不了和陌生人打交道。如果你能够通过仔细观察和揣摩发现此人的独特之处，就可以找到一些可以交流的话题。

有一次，著名相声演员马季到山东烟台演出，几家新闻单位的记者纷纷前来采访，不料，马季先生一一婉言谢绝，这使记者们十分失望。这时，有一个爱好相声的记者再次叩响了马季的房门，说："马季先生，我是一个相声迷，我对如今的相声表演有一些自己的看法……"马季先生一听，便十分热情地接待了她。这位记者正是用她和对方对相声的爱好及共有的兴趣做文章，巧妙地打开了马季先生的"话匣子"，顺利完成了采访任务。

　　总而言之，迎合别人的心理，投其所好，引起他的感情共鸣，是说服他人的一个诀窍。这并不是单纯的溜须拍马，而是基于一种心理的认同感。试想一下，一个不喜欢你的人，怎么可能会答应你对他提出的要求呢？可以说，这种方法可以普遍应用于社会的各个领域，只要你想说服对方，首先一定要让对方对你这个人产生认同。

第七章

因势利导，瓦解对方心理防线

利用从众效应影响对方

有心理学家曾做过这样一个实验：让五个人围坐一张桌子，实验者请他们判断线段的长度。当第一组卡片呈现后，每个人依次大声地说出了自己的判断，所有人意见一致，都做出了正确的选择。然后再呈现第二组，大家又都做了正确的一致回答。

就在大家觉得实验单调而无意义时，第三组卡片呈现了，第一位被试者在认真地观察这些线段后，却做出了显然是错误的选择，接着第二、三、四位被试者也做了同样错误的回答。轮到第五位被试者，他感到很为难，左右看看，因为他的感官清楚地告诉自己别人都是错的，最后，他终于小声地说出了与别人相同的错误选择。

其实，这个实验是事先安排好的，前四名被试者其实都是实验者的助手，只有第五位被试者是真正的被试者。

这个实验表明，当绝大多数人都做出同样的反应时，个人就有强烈的动机去赞同群体其他成员的意见，因此有35%的被试者拒绝了自己感官得来的证据，而做出了同大多数人一样的错误的

选择，这就是心理学上所说的从众行为。

人们都知道"我行我素"这句成语，而在现实中，却很难做到这么"潇洒"。在现实中，人们往往不是自己喜欢怎样便怎样，在很多时候，甚至可以说在大多数时候，人们要看多数人是怎样做的，自己才怎样做。

当个人的感觉与群体中的大多数人不一致时，个体为了使自己不被人认为"标新立异"，常常会放弃自己的看法而接受大多数人的判断。所以，当我们在说服别人遇到困难的时候不妨说一句"大家的意见都是这样的"，那么这个人可能就会改变自己的看法而接受你的建议。

为什么个人会抛弃自己的观点而接受别人的说服呢？一般认为，从众行为的原因来源于两种压力：一种压力为群体规范的压力，任何与群体规范相违背的行为都会受到群体的排斥，个体由于惧怕受到惩罚，或者为了表明自己归属于群体的愿望，就会做出从众行为；另一种压力是群体信息的压力。我们知道，他人常常是信息的重要来源，我们通过别人获得许多有关外部世界的信息，甚至许多有关我们自己的信息也是通过别人获得的。在一般情况下，那些我们认为能带给自己最正确信息的人，往往是我们仿效和相信的人。这种信息压力引起的从众行为无论在实验中还是在生活中都是存在的。人们倾向于相信多数，认为多数人是信息的正确来源而怀疑自己的判断，因为人们觉得多数人正确的情况比较多。在模棱两可的情况下，从众的行为更容易发生，因为在这种情况下，人们很容易失去判断自己行为的自信心。恰好，我们可以利用周围人的行为来影响或制约别人，这也不失为一种说服他人的技巧和方法。

找到对方感兴趣的话题

"酒逢知己千杯少"，两个意气相投的人在一起总觉得有说不完的话。因此，我们在说服他人时，不妨多多寻求彼此在兴趣、性格、阅历等方面的共同之处，使双方在越谈越投机的过程中获得更多关于对方的信息，迅速拉近距离，增进心理上的亲近感，达成目的。

美国散文家威廉·费尔浦斯说过这样一件事："在我8岁的时候，有一次到莉比姑妈家度周末。傍晚时分，有个中年人慕名来访，但姑妈好像对他很冷淡。他跟姑妈寒暄过一阵之后，便把注意力转向了我。那时，我正在玩模型船，而且玩得很专注。他看出我对船只很感兴趣，便滔滔不绝讲了许多有关船只的事，而且讲得十分生动有趣。等他离开之后，我仍意犹未尽，一直向姑妈提起他。姑妈告诉我，他是一位律师，根本不可能对船只感兴趣。'但是，他为什么一直跟我谈船只的事呢？'我问道。'因为他是个有风度的绅士。他看你对船只感兴趣，为了让你高兴并赢取你的好感，他当然要这么说了。'"

谈论别人感兴趣的话题，对双方都有好处：不仅可以使他人对你产生兴趣，钦佩你，而且可以使自己更关心别人，关心别人对自己的要求。谈论别人感兴趣的东西能够很容易拉近人与人之间的距离。对于这一点，下面的例子就是很好的说明。

刘微是一个足球迷，有一次在去北京的火车上，她的同座是位东北口音很浓的小伙子，闲来无事，刘微和他聊了起来。

她一开始故作惊讶地得知他是位东北人，然后顺口赞美东北人豪爽，够朋友，她说自己有好几位朋友是东北的，人特爽快。

小伙子自然高兴，自报家门，说他叫陆军，是大连人，并说东北人是很讲朋友义气的，粗犷、豪放。而刘微话锋一转，说东北人也很团结，特别是大连足球队，虽然每位队员都不是非常出色，但他们团结一致，奋力拼搏，经常取得好的成绩。

恰巧陆军也是位球迷，两人直聊得天昏地暗，下车后互留了通信地址。在陆军的介绍下，刘微认识了很多球迷，其中有一位就是她这次准备争取的客户。于是刘微轻松地完成了这次推销任务，为公司赢得了一个大客户，更值得高兴的是结交了许多朋友。

在与陆军交谈时，刘微先是从"东北人"这个话题入手，然后转到"足球"这个两人都感兴趣的话题上，与对方越谈越投缘。经过一番"神侃"之后，两人很快加深了了解，成为好朋友。

话不投机半句都嫌多，为什么话不投机呢？多半是因为不理会对方的兴趣所在，而是自顾自地说话，谈论自己的爱好，讲自己遇到的奇闻逸事。人多少有些叛逆心理，你越谈论自己的兴趣，别人就越觉得凭什么你一直在那里说，我就是对你说的那些不感兴趣。而如果你找到别人感兴趣的事情，让他去说，他就会很高兴，并且也会很善意地留给你说话的机会。说话也是一件礼尚往来的事情，你讲到了别人感兴趣的地方，别人也会了解你的想法。

晓之以理，动之以情

当我们有求于人时，如果别人用一般理由来搪塞拒绝，我们往往会发现对方其实没有经过深思熟虑，只是因为一些细小的原因而做出了拒绝的决定。如果我们能帮助对方分析现状，用真情打动对方，对方一般会欣然相助。

在求人办事的时候，能跳出自己的狭小圈子，而从对方内心深处的角度去说话，才更容易引起对方的共鸣，从而答应你的请求。

在美国经济大萧条时期，有一位17岁的姑娘好不容易才找到一份在高级珠宝店当售货员的工作。在圣诞节的前一天，店里来了一位30岁左右的贫民顾客，衣衫褴褛，面黄肌瘦，他用一种不可企及的目光盯着那些高级首饰。

姑娘要去接电话，一不小心，把一个碟子碰翻，六枚精美绝伦的金戒指落到地上，她慌忙捡起其中的五枚，但第六枚怎么也找不着。这时，她看到那个30岁左右的男子正向门口走去，顿时，她知道了戒指在哪儿。

当男子的手将要触及门柄时，姑娘柔声叫道："对不起，先生！"那男子转过身来，两人相视无言，足足有1分钟。"什么事？"他问，脸上的肌肉在抽搐。姑娘一时竟不知说些什么。"什么事？"他再次问道。"先生，这是我第一份工作，现在找个事儿做很难，是不是？"姑娘神色黯然地说。男子长久地审视着她，终于，一丝柔和的微笑浮现在他脸上。"是的，的确如此。"他回答，"但是我能肯定，你在这里会干得不错。"停了一下，他向前一步，把手伸给她："我可以为您祝福吗？"他转过身，慢慢走向门口。姑娘目送着他的身影消失在门外，转身走向柜台，把手中握着的第六枚金戒指放回了原处。

这位姑娘成功地要回了青年男子偷拾的第六枚金戒指，关键是在尊重、谅解对方的前提下，以"同是天涯沦落人"凄苦的言语博得对方的真切同情。对方虽是流浪汉，但此时握有打破她饭碗的金戒指，极有可能使她也沦为"流浪汉"。因此，"这是我第一份工作，现在找个事儿做很难"，这句真诚朴实的表白，却饱含着惧怕失去工作的痛苦之情，也饱含着恳请对方怜悯的求助之意，由此感动了对方。对方也巧妙地交还了戒指。试想，如果

姑娘怒骂,甚至叫来警察,也可能找回戒指,但姑娘的"饭碗"还保得住吗?

让对方感到自己很重要

许多事业上卓有成就的人成功的原因是他懂得说服之术。而其中最重要的一点,也即最有效的一点就是:让别人感到自己很重要。因为每个人都想获得来自他人的尊重,得到别人的重视。那么,你就不妨满足他这个心理需求。

卡耐基在纽约的一家邮局寄信,发现那位管挂号信的职员对自己的工作很不耐烦。于是他暗暗地对自己说:"卡耐基,你要使这位仁兄高兴起来,要他马上喜欢你。"同时,他又提醒自己:"要他马上喜欢我,必须说些关于他的好听的话。而他,有什么值得我欣赏的呢?"非常幸运,他很快就找到了。

轮到他称卡耐基的信件时,卡耐基看着他,很诚恳地对他说:"你的头发太漂亮了。"

他抬起头来,有点惊讶,脸上露出了无法掩饰的微笑。他谦虚地说:"哪里,不如从前了。"卡耐基对他说,这是真的,简直像是年轻人的头发一样!他高兴极了。于是,他们愉快地谈了起来。当卡耐基离开时,他对卡耐基说的最后一句话是:"许多人都问我究竟用了什么秘方,其实它是天生的。"卡耐基想:这位朋友当天走起路来一定是飘飘欲仙的。晚上他一定会跟太太详细地叙说这件事,同时还会对着镜子仔细端详一番。

罗斯福也是一位懂得使别人感到自己很重要的人。只要是去过牡蛎湾拜访过罗斯福的人,无不为他那博大精深的学识所折服。不管对方从事多么重要或卑微的工作,也不管对方有着什么样显赫或低下的地位，罗斯福和他们的谈话总能进行得非常顺利。

也许你会感到十分的疑惑，其实不难回答，每当他要接见某人时，他都会利用前一天晚上的时间仔细研读对方的个人资料，以充分了解对方的兴趣所在，从而投其所好。这样精心准备怎能不使会面皆大欢喜呢！

贵为总统尚且如此，凡人为何不肯承认别人的重要？所以，要使别人喜欢你，原则上是要拿对方感兴趣之事当话题，让他感觉到自己的重要。在满足别人的重要感之后，很多事情都迎刃而解了。

那么，在什么时候才能让对方感受到他的重要？答案：随时随地都可以。

譬如，你在饭店点的是鱼香肉丝，可是，服务员端来的却是回锅肉，你就说："太麻烦您了，我点的是鱼香肉丝。"她一定会这么回答："不，不麻烦。"而且会愉快地把你点的菜端来。因为你已经表现出了对她的尊敬和重视。

一些客气的话实际上就表达了你对别人的重视，"谢谢你""请问""麻烦你"，诸如此类的细微礼貌，可以很容易就让对方感到他被尊重、被重视。用真诚的心去感激别人，就会拉近心与心的距离，形成良好的人际关系。

在通常情况下，人们内心所想的东西，即使不用嘴说出来，不用笔写出来，也会被对方觉察体会出来。假如你对对方有厌恶之情，尽管你没有说出来，但是由于你这种心理的支配，你多少会露出一些"蛛丝马迹"，被对方捕捉住，或被对方体察出来，不久，他对你也会产生坏印象的。这跟照镜子是一样的道理，你对它皱眉头，它也对你皱眉头；你对它露出笑脸，它也还你一张同样的笑脸。同样的，如果我们怀着一颗真诚的心去感激对方，对方也会同样从内心感激你，用心回报你。

向对方表现出真诚

想要说服对方认同你的观点，靠的是以诚服人、以情服人、以理服人、以德服人，这是感情、知识和心智力量使然。情感的力量是情感的认知和共鸣，知识的力量能使人们信服观点的论证，心智的力量则能使人们接受辩手本身，并进而在有意无意中相信和支持你的论证与反驳。

正如一位诗人所言："动人心者，莫过于情。"抓住了对方的心，与对方交谈也就成功了一半。

如果为人真诚，说话之前先有了真诚的心，那么即使是"笨嘴拙舌"也是没有什么关系的。有太多的事例一再说明，在与人交流时表达真诚要比单纯追求流畅和精彩更重要。

1915年，小洛克菲勒还是科罗拉多州一个不起眼的人物。当时，发生了美国工业史上最激烈的罢工，并且持续达两年之久。愤怒的矿工要求科罗拉多燃料钢铁公司提高薪水，小洛克菲勒正负责管理这家公司。由于群情激奋，公司的财产遭受破坏，军队前来镇压，因而造成流血，不少罢工工人被射伤。

那种情况，可以说是民怨沸腾。小洛克菲勒后来却赢得了罢工者的信服，他是怎么做到的呢？原来小洛克菲勒花了好几个星期结交朋友，并向罢工代表发表了一次充满真情的演说。那次的演说可谓不朽，它不但平息了众怒，还为他自己赢得了不少赞誉。演说的内容是这样的：

"这是我一生当中最值得纪念的日子，因为这是我第一次有幸能和这家大公司的员工代表见面，还有公司行政人员和管理人员。我可以告诉你们，我很高兴站在这里，有生之年都不会忘记这次聚会。

"假如这次聚会提早两个星期举行，那么对你们来说，我只是个陌生人，我也只认得少数几张面孔。上个星期以来，我有机会拜访整个附近南区矿场的营地，私下和大部分代表交谈过，我拜访过你们的家庭，与你们的家人见过面，因而现在我不算是陌生人，可以说是朋友了。

"基于这份互助的友谊，我很高兴有这个机会和大家讨论我们的共同利益。由于这个会议是由资方和劳工代表所组成，承蒙你们的好意，我得以坐在这里。虽然我并非股东或劳工，但我深觉与你们关系密切。从某种意义上说，也代表了资方和劳工。"

这样一番充满真诚的话语，可能是化敌为友最佳的方式。假如小洛克菲勒采用的是另一种方法，与矿工们争得面红耳赤，用不堪入耳的话骂他们，或用话暗示错在他们，用各种理由证明矿工的不是，那结果只能是招惹更多怨恨和暴行。

真诚待人，展现人格魅力，这也是说服人的一种方法。一个真诚的人，一个具有人格魅力的人，即使不能舌绽莲花，也可以让一个能言善辩的人哑口无言。

诱导对方一直表示同意

一个人的思维是有惯性的，当你朝某一个方向思考问题时，你就会倾向于一直考虑下去，这就是为什么有些人一旦沉醉于某些消极的想法之后，就一直难以自拔。在人际交往中我们应懂得并善于运用这一原理。与人讨论某一问题时，不要一开始就将双方的分歧亮出来，而应先讨论一些你们具有共识的东西，让对方不断说"是"，渐渐地，你开始提出你们存在的分歧，这时对方也会习惯性地说"是"，一旦他发现之后，可能已经晚了，只好

继续说"是"。

日本有个聪明绝顶的小和尚一休。一次大将军足利义满把自己最喜爱的一个龙目茶碗暂时寄放在安国寺，没想到被一休不小心打碎了。就在这时，足利义满派人来取龙目茶碗。大家顿时大惊失色，不知所措，茶碗已被一休打碎，拿什么去还呢？一休道："不必担心，我去见大将军，让我来应付他吧！"

一休对将军说："有生命的东西到最后一定会死，对不对？"

足利义满回答："是。"

一休又说道："世界上一切有形的东西，最后都会破碎消失，是不是？"

足利义满回答："是。"

一休接着说："这种破碎消失，谁也无法阻止是不是？"

足利义满还是回答："是。"

一休和尚听了足利义满的回答，露出一副很无辜的神情接着说："义满大人，您最心爱的龙目茶碗破碎了，我们无法阻止，请您原谅。"足利义满已经连着回答了几个"是"，所以他也知道此事不宜再严加追究了，一休和尚便这样安然地渡过了这一难关。

在说服中，可以先巧设陷阱，在对方没有防备的情况下，诱导其说"是"。让对方多说"是"的好处就是使对方在不知不觉中一步步坠入圈套，这时候你便牵住了他的"牛鼻子"，对方于是不得不就范。

促使对方说"是"的方法很多，最简单的方法就是以双方都同意的事开始谈话，这样就可以让对方多说"是"，少说或不说"不"。

很多人先在内心制造出否定的情况，却又要求对方说"好"，表现出肯定的态度，这样做是不可能让对方点头的。假如你要使对方说"好"，最好的方法是制造出他可以说"好"的气氛，然后慢慢诱导他，让他相信你的话，他就会像是被催眠般地说出"好"。

换句话说，你不要制造出他可以表示否定态度的机会，一定要创造出他会说"好"的肯定气氛。

激发对方高尚动机

一位妇女抱着小孩上火车，上车后位子上已经坐满了人。有一位小伙子正躺着睡觉，一个人占了两个人的位子。孩子哭闹着要座位，并用手指着那个男青年，想让其把座位让给自己。谁料，男青年却假装没听见，依旧躺在那里睡觉。这时，小孩的妈妈用故作安慰的口吻对孩子说："这位叔叔太累了，等他睡一会儿，就会让给你的！"听了妈妈的话，小孩也不好再说什么了。几分钟后，那个男青年似乎刚刚睡醒的样子，然后站起来，客气地把座位让给了母子俩。

小孩子单纯地索要，男青年并没有让座，而妈妈一句安慰，却赢得了男青年主动而客气地让座。这是为什么呢？要知道，这位妇女之所以能成功，妙就妙在她顺势制宜，对那位青年人采取了尊重礼让的方法，给他设计了一个"高尚"的角色：他是一个善良的人，只是由于过度劳累而无法施善行。趋善心理使小伙子无法拒绝扮演这个善良的角色。

我们每个人都在内心里将自己理想化，都喜欢为自己行为的动机赋予一种良好的解释，这就是为何大家都希望听到夸奖。也正因如此，我们可以通过将一种高尚的动机赋予对方，顺势制宜，实现改变他人、影响他人的目的。

美国某房屋公司有一位房客，在租约尚有四个月的情况下，便要搬离他的公寓。按当时规定，那间公寓每个月的租金是55美元，可是房客声称立即就要搬，不管租约那回事。要知道，当时是淡季，如果房客立即搬走，房子是不容易租出去的。对于公司来说，220美元就不翼而飞了。

很多人都认为，此时应该找那个房客，要他把租约重念一遍，并向他指出，如果现在搬走，那四个月的租金，仍须全部付清。

可是，聪明的工作人员却采取了另外一种办法。他对房客说："先生，我听说你准备搬家，可是我不相信那是真的。我从多方面的经验来推断，我看出你是一位说话有信用的人，而且我可以跟自己打赌，你就是这样的一个人。"房客静静地听着，没有做特殊的表示。他接着又说："现在，我的建议是这样的，将你所决定的事，先暂时搁在一边，你不妨再考虑一下。从今天起，到下个月一日应缴房租前，如果你还是决定要搬的话，我会答应你，接受你的要求。"他把话顿了顿，继续说道："那时，我将承认自己的推断完全错误。不过，我还是相信，你是个讲话有信用的人，会遵守自己所立的合约。"

令很多人没想到的是，到了下个月，那位房客主动来缴房租了。还告诉工作人员，他跟太太商量过，决定继续住下去。不难看出，想达到改变他人的目的，你不妨找一顶高帽，恭敬地戴到对方头上，很少有人会拒绝的。

央求不如婉求，劝导不如诱导

所谓"婉求"和"诱导"就是指委婉地求对方为自己办事。说得详细些，就是绕开对方可能不应允的事情，选一个临时想出的虚假目的作为幌子，让对方答应，等对方进入圈套以后，你的目的就达到了。

现实生活中，这样的例子很多，美国《纽约日报》报社就有这么一例。

美国《纽约日报》总编辑雷特身边缺少一位精明干练的助理，后来他把目光瞄准了年轻的约翰•海。而当时约翰刚从西班牙首都马德里卸除外交官职，正准备回到家乡伊利诺伊州从事律师工作。

打定主意后，雷特就请约翰到联盟俱乐部吃饭。饭后，他提议请约翰•海到报社去玩玩。坐在办公桌前，雷特从许多电讯中找到了一条重要消息。那时"恰巧"负责国外新闻的编辑不在，于是他对约翰说："请坐下来，为明天的报纸写一段关于这则消息的社论吧。"约翰自然无法拒绝，于是提起笔来就写。社论写得很棒，雷特看后大加赞赏，于是请他再帮忙顶缺一个星期、一个月……渐渐地干脆让他担任了这一职务。约翰就这样在不知不觉中放弃了回家乡做律师的计划，而留在纽约做新闻记者了。

故事里的雷特是多么的聪明，不用冒着被拒绝的危险说"约翰，给我当助理吧"，就可以把约翰留了下来。由此，我们可以得出一条求人办事的技巧：委婉地向对方求助。

我们在运用这一策略的时候，要注意在诱导别人时，应先引起对方的兴趣。如上面的故事中，若约翰非常讨厌写作等编辑记者的工作，想必雷特说破嘴也是白费力气。

除了考虑对方兴趣，我们还要考虑诱导初期的一个反馈。即当你要诱导别人去做一些很容易的事情时，先得给他一点小胜利。这也是为何在约翰写完第一篇社论后雷特要大加赞赏。当然，如果你要诱导别人做一件重大的事情时，你最好给他一个强烈的刺激，使他对做这件事有一个要求对的希求。在此情形下，

他已经被一种渴望成功的意识刺激了，于是就会很主动地为了获取成功而努力。

总之，当你直接请求别人不成时，就应该换个思路，委婉地向别人提出请求。同时，要引起别人对你的计划的热心参与，必须先诱导他尝试一下，可能的话，不妨使他先做一点容易的事，先让他尝到一些成功的喜悦。

诱导对方只能答"是"

我国著名教育家叶圣陶曾说过："教师之为教，不在全盘授予，而在相机诱导。"其实，在说服他人的过程中，诱导同样是关键。

在诸多诱导的方法中，"由浅入深，让对方只能答'是'"的策略几乎是百发百中。不信，我们一起来看一下已经连续三次被评为某汽车公司"金牌"业务人员的王倩，她是如何成功的。

王倩："请问你需要多大吨位的？"

顾客："很难说，大致两吨吧！"

王倩："有时候多，有时候少，对吗？"

顾客："是这样。"

王倩："究竟要哪种型号的卡车，一方面要看你运什么货，一方面要看在什么路上行驶，你说对吗？"

顾客："对，不过……"

王倩："假如你在丘陵地区行驶，而且你们那里冬季较长，这时汽车内部的机器和车身所承受压力是不是比正常情况下要大些？"

顾客："是这样的。"

王倩："你们冬天出车的次数比夏天多吧？"

顾客："可不是，多多了，夏天生意不行。"

王倩："有时候货物太多，又在冬天的丘陵地区行驶，汽车是否经常处于超负荷状态呢？"

顾客："对，那是事实。"

王倩："从长远的眼光看，是什么因素决定买车型号，是否留有余地？"

顾客："你的意思是……"

王倩："从长远的眼光看，是什么因素决定买一辆车值不值呢？"

顾客："当然要看车的使用寿命。"

王倩："一辆车总是满负荷，另一辆车从不超载，你觉得哪一辆寿命更长些呢？"

顾客："当然是马力大、载重多的一辆。"

王倩："所以，我建议你买一辆载重4吨的卡车可能更划得来。"

顾客表示赞同。

王倩就是在平淡无奇的谈话中，一步步、由浅入深地诱导顾客跟着她的思想走，每次都只能答"是"，最后达到成功推销的目的。

关于这一策略的奥秘，理解起来并不难。我们每个人都有坚持自己人格尊严的惯性。比如，与他人交流过程中，我们开头用了"不"字，即使后来自己知道这"不"字是用错了，但为了自尊，我们所说的每句话，往往还会将最初的观点——"不"坚持到底。同理，如果一开始我们就用了"是"，结果自然还是坚持赞同了。

所以，我们想要说服别人的时候，要绝对避免对方一开头就说"不"字，而应多诱导对方用"是"字回答。

恩威并施说服更快

人都是有血有肉有感情的，因此，一般情况之下，只要我们能以诚相待、将心比心，多为对方考虑，就很容易说服他按照我们的意思办事。但当我们需要说服的对象无理取闹、顽固不化时，我们不妨施之以威，采取恩威并施的策略。唯有如此，我们的说服效率才会更高。

在明朝初定之时，西南少数民族并不完全归服，一则天高皇帝远，中央势力鞭长莫及；二则少数民族与中原汉族素有隔阂，因此，对此边远之地维持有效统治并非易事。可是，朱元璋在当时的形势下，就因为能够恩威并施，解决了很多问题。

当时，朝廷驻贵州镇守的都督马烨趁水东、水西两邦改换首领之机，想"改土归流"，废掉水西、水东土司，改制郡县。因此，他将水西的女土司奢香抓来，鞭挞凌辱，欲以此挑起云南水东、水西诸邦怒气，来制造出兵借口。

此事一出，水部四十八部彝民都纷纷欲反，这使明太祖认识到武力强行并不能解决问题，对待云南各部还要采取抚慰政策。

这样一来，可以借机让土司交出部分权力，去除各部与内地交通之屏障；二来可以成就仁君之美名，收买人心，得到百姓拥戴。

尽管马烨也一片忠心，但这回不得不成为明太祖政治手腕的牺牲品。

明太祖接待了水东土司刘淑贞，听其诉说马烨的劣迹和世代守土之功。马皇后也召见了刘淑贞，并传奢香进京入朝，予以抚慰。这使刘淑贞和奢香很是感动。明太祖进一步问："汝诚苦马都督，吾为汝除之，然何以报我？"明太祖已打算用马烨的性命换取二位土司的归顺。奢香说："愿世世代代皆诸罗，令不敢为乱。"

明太祖斩马烨的同时，册封奢香为顺德夫人，刘淑贞为明德夫人。可谓极尽恩赐之能事。但明太祖心中有数，过于亲近厚待必定会使其得意忘形，不服管教，并以为朝廷懦弱。因此，朱元璋仍留了一手。

当奢香、刘淑贞回归时，明太祖命令沿途官府在两路中央陈设兵力以震慑二女，让其明白朝廷并非软弱可欺，而是具备相当实力，若举兵反叛，下场将不会很好。

明太祖的这种做法可谓明智至极，效果也极佳，对其册封厚待，使二位土司领略了朝廷爱民之仁德；对其耀武陈兵，又使她们明白朝廷的威德。奢香等回去后，将朝廷兵力告知各部，于是众部心中顿生敬畏之情，归顺之心日强。

下面，再看一个经典的恩威并施之例。

清朝被推翻之后，中国进入了军阀割据的年代，各大军阀为了抢占地盘，在帝国主义的支持下大打出手，把整个中国搞得乌烟瘴气、民不聊生。

这时，奉系军阀张作霖占据东北，而直系军阀曹锟占据了华北平原，双方地盘接壤，时不时会有小摩擦发生，但一直没有大的冲突。

这是为什么呢？照理说，在当时那种条件下，军阀地盘交错，不是朋友，就是敌人，气氛应该很紧张。其实，张作霖与曹锟还能扯上一点亲戚关系，张作霖的姑妈的表侄女是曹锟的三姨太，尽管没有血缘关系，但也算有姻亲在其中。

曹锟的为人有一个让人所不齿的地方，就是"势利"，早在曹锟还没有爬到直系统帅的时候，张作霖就听姑妈说过，而后几次偶然的接触，更加深了他对曹锟的认识。

曹锟在当上直系的头子后，就不时地送礼给张作霖，希望能与之合作，共同打垮其他几支军阀，一同称霸中国。开始，张作霖没有反应，后来曹锟动用了"亲情"，想以此来感动张作霖，但张作霖还是没有答应。照理说，在那种年代，能暂时寻得同盟也未尝不可，但张作霖太了解曹锟的为人了，所以才未敢答应。

曹锟一计不成，又生一计，不时地与张作霖抢地盘，以为张作霖不会因"一小块"不毛之地与人翻脸，但曹锟又想错了，张作霖在地盘上毫不退缩，就是一寸，也动之以武力相威胁，这令曹锟对他这位亲戚又恨又怕，毕竟，张作霖背后有日本这个大靠山，拥有了大量的兵源与装备。

张作霖在这方面态度强硬，但也不敢太得罪这位亲戚，因此自动支持曹锟竞选民国总统，声称"全力声援"。

就这样，曹锟又不得不与张作霖搞好关系，因为他需要张作霖的支持。

张作霖真不愧是恩威并施的高手，他在与曹锟这个"势利"亲戚交涉时，让其吃够了苦头，又尝到了不少甜头，令曹锟这种势利小人不得不主动与之处好"亲戚"关系。

当我们使用恩威并施的方法时，一定要注意考察对手的相关情况。如果对方具有丰富的经验，并且整个说服的形势对自己不利而对对手有利，那么，恩威并施的方法难以达到预期效果。反之，在整个形势对己有利而对对方不利的时候，特别是对方缺乏足够的经验，或者对方对达成某项协议心情较为迫切的情况下，一般效果甚佳。

一点一点诱别人上钩

我们说服别人为自己办事时，对方能不能答应你的要求，能不能全力帮助你把事情办成的关键是什么？

关键是他心里是怎么想的。他的心理世界怎么想问题，就决定了他对你提出的事情是给办还是不给办。心理学家告诉我们，人们怎样想一件事情完全是外在情趣和利益诱惑的结果。比如，他对A问题感兴趣或者想获得A，他就会说对A有利的话，也会做对A有利的事；反之，他便具有原始的不自觉的拒绝的心理。

所以，人们在办事时，要想争取对方应允或帮忙，就应该设法引起对方对这件事情产生积极的兴趣，或者设法让对方感觉到办完这件事后会得到自己感兴趣的利益。

很显然，人们对什么事情有兴趣或认为什么事情有满意的回报，就会乐于对什么事情投入感情，投入精力，甚至投入资金。这种办事方法就叫作情趣诱导法。

利用情趣诱导法必须让对方感到自然愉悦、深信不疑、大有希望，只有利用情趣或利益把对方吸引住时，对方才肯为你的事情付出代价。

有位车夫拉着车上桥，桥很陡，走到半路实在拉不动了。他急中生智，用力顶着车把，放声唱起歌来。他这一唱，前面的人停下来看他，后面的人想看看发生了什么事而快走着追上他，而车夫则乘机央求大家帮着推车，大家一齐用力，车就推上了桥。

车夫了解人们好奇围观的心理，所以他不靠蛮力一个人拼死拉车，而是靠在车把上唱歌，如果他没有办法召集人来推车，就算他用尽力气也不能把车拉上桥。

这位车夫的求人策略堪称高超过人，无与伦比。本来是求人帮忙，结果却成了别人自觉自愿的行为，求人求得不露声色，浑然无迹。

不要以为这只不过是一个寓言，在生活中行不通，现实中还真有这样的事情。

这就告诉我们在求人办事时，有时"央求不如婉求，劝导不如诱导"，要想诱导，首先就要引起别人的兴趣，让对方带着一份兴趣来为你尽力。

现实中，我们在请人帮忙时，如果可以通过对工作的介绍，激发对方的好奇和兴趣，诱导其深入地了解工作的原理和目前所面临的困难，那么，就很可能使对方暂时忽略利益上的得失，慷慨解囊。

贝尔是电话机的发明人。有一次，他出门去筹款，来到大资本家许拜特先生家中，希望他能对他正在进行的新发明投一点资。但他知道，许拜特是个脾气古怪的人，向来对电气事业不感兴趣。怎么能让他产生兴趣，并为之解囊呢？

他们见面寒暄一阵之后，贝尔并没有直截了当地向对方说明预算能获得多少利润，也没有对他讲述科学道理。

他坐下来，先弹起客厅里的钢琴。弹着弹着，他忽然停止，向许拜特说："你可知道，如果我把这只板踏下去，向这钢琴唱一个声音，这钢琴便也会复唱出这声音来。譬如，我唱一个哆，这钢琴便会应一声哆，这事你看有趣吗？"

许拜特放下手中的书本，好奇地问："这是怎么回事？"

于是，贝尔详细向他解释了和音和复音电话机的原理。通过这次谈话，许拜特很愿意负担一部分贝尔的实验经费。贝尔如愿以偿。

再看看我国清代人称"棋圣"的范西屏又是如何利用此种方法达到求人目的的。

有一年，范西屏向朋友借了一头小毛驴去扬州探亲，长途跋涉来到了江边，船老板却不让他的毛驴上船，因为小小的船舱只能载人不能载牲口。

范西屏不能上船，又不能把朋友的毛驴给丢了。他一筹莫展地牵了头毛驴在街上乱逛。

走到了一个布店前面，布店老板正和一个年轻人在下围棋，年轻人的棋子全被老板给封住了，正在苦思怎么杀出重围。

这时只见范西屏将毛驴拴在旁边的柱子上，挤入几个观棋的人之中。过了一会儿，他忍不住为年轻人出主意，说的却都是一些外行话，让围观的人给嘘了回去，接着，他又批评店主的棋下得不对，这下可把店主给惹火了，店主大声说："你认为你很行是吧！咱俩就下一盘，不要在旁边穷嚷嚷。"范西屏说："好啊！咱俩就下一盘，如果我赢了，你就给我一块布，如果你赢了，我就给你我的毛驴。"

一局对弈下来，范西屏输得极惨，店主开怀大笑。范西屏显得很不甘心地将毛驴让店主牵了去，并且说："我因为有事在身，没尽全力，所以输得不服气，一个月后我带些钱来找你，再赢回这头驴子。"

店主心想你这三脚猫的功夫，下多少盘棋我也能赢。于是满口答应，相约一个月后再见。

一个月后，范西屏如约赶到布店，布店老板一见财神爷又到了，忙不迭地摆桌下棋。

没想到棋局一开始，店主就发现对方的棋路奇异诡谲，自己的心思似乎完全被对方洞穿了，才下了没多久，店主就败下阵来，一言不发地愣在那儿。

这时，只见范西屏牵过拴在旁边柱子上的毛驴，摸了摸吃了一个月上好粮草、肥壮的驴肚皮，一跨足骑了上去。

店主会过意来赶了上去说道："敢问先生尊姓大名。"

"在下范西屏。"说完仰天大笑，吆喝着毛驴扬长而去。

店主这才知道为棋圣白白养了一个月驴子。

"棋圣"第一次和店主对弈时，如果他说一旦店主输了，就要店主代养一个月的驴子，对方可能不会给驴子上好的粮草。他利用了赌徒在赌上的贪，轻易地就让对方为他好好地养了一个月

驴子。

当然，故事中范西屏那种费尽心机占别人便宜的行为并不足取，我们主要是要研究一下这种思考方式，在有求于人之时，不妨利用一些利益将对方深深吸引住，让他因这些利益而肯为你付出代价。

另外，利用这种方法让其达到最终目的，还应懂得一个诀窍：循序渐进。

美国斯坦福大学社会心理学家弗利特曼和弗利哲两位教授，曾同学校附近一位家庭主妇巴特太太做了个有趣的实验，他们打了个电话给她："这儿是加州消费者联谊会，为具体了解消费者之实况，我们想请教几个关于家庭用品的问题。"

"好吧，请问吧！"

于是，他们提出了一两个例如府上使用哪一种肥皂等简单问题。当然，这个电话，不仅仅只是打给了巴特太太。

过了几天，他们又打电话了："对不起，又打扰你了，现在，为了扩大调查，这两天将有五六位调查员到府上当面请教，希望你多多支持这件事。"

这实在是件不好办的事情，但最终巴特太太还是同意了，什么原因呢？只因为有了第一个电话的铺路。相反的，他们在没有打过第一个电话，而直接提出第二个电话中的要求时，却遭到了拒绝。他们最后以百分比作为结论。前一种答应他们的占52.8%，后一种只有22.2%。

据此可知，向人有所请托，应由小到大，由微至著，由浅及深，由轻加重才是，如果一开始就有太大的请求，一定会遭受对方断然拒绝。

可见，学会循序渐进，一点一点引别人接受，一点一点诱别人上钩，既是求人办事的小技巧，也是嫁接成功的大原则。

【说服心理学实战】

一个聪明的男人，在与陌生女人相处时，必须在缩短距离上下功夫，力求在短时间内让彼此多一些了解，从而消除陌生感，使彼此在感情上融洽起来。

你有没有这样的经验，当你在百货公司买衬衫或领带时，女店员总是会说："我替你量一下尺寸吧！"其实，她们这样也是为了缩短与你的心理距离。因为对方要替你量尺寸时，她的身体势必会接近你，有时还接近到只有情侣之间才可能有的极近距离，使得被接近者的心中涌起一种兴奋感。

当然，这里并不是说要你对一个陌生女人"动手动脚"，你可以通过言语上的一些技巧，消除与她的陌生感，让她觉得你们好像早就认识了，从而对你有一种"自己人"的感觉。

在与陌生女人交往的过程中，要缩短与她们的心理距离，通常有以下几种方法。

1.理解对方，投其所好

在和陌生女人交往之前，尽量对其性格、兴趣和爱好等有一个全面了解，以便在相处过程中理解对方。在交谈中，尽快找出对方的兴趣所在，投其所好，把话题集中在对方身上，她自然会视你为知己。

2.寻找共同点，把握交往度

在与陌生女人交往时，要坚持求同存异的原则，在交流中多寻求双方在兴趣和爱好方面的共同点。另一方面，还要避免犯交浅言深的毛病。刚开始与她们交谈时，不可以要求彼此有深入的沟通，而要逐步深入，否则她们会觉得你这个人非常浅薄。

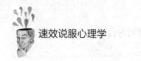

3.看准时机，适时切入

看准情势，不放过应当说话的机会，适时插入交谈，适时地"自我表现"，能让对方充分了解自己。

交谈是双方面的，光了解对方，不让对方了解自己，难以深谈。陌生女人如果能从你切入式的谈话中获取教益，双方会更亲近。适时切入，能把你的知识主动有效地献给对方，实际上符合"互补"原则，奠定了"情投意合"的基础。

4.借用媒介，缩短距离

寻找自己与陌生女人之间的媒介物，以此找出共同语言，缩短双方之间的距离。如见一位陌生女人手里拿着一个款式新颖的包，便可以问："这个包真漂亮，是在哪里买的……"总之，对女人的一切显出浓厚兴趣，通过媒介物引发她们表露自我，交谈方能顺利进行。

5.多用赞美，让女人开心

对于赞美，女人永远不会嫌多。一般来说，赞美分两种，有直接赞美和间接赞美。直接赞美要诚恳、热情；间接赞美要有分寸，注意赞美一定要自然，恰到好处。一定要分场合，不然你的赞美会适得其反。

6.保持微笑

在女人面前，千万别忘记保持微笑，这样可以给女人一种和蔼可亲的印象，使她们觉得你和她交往是热情而诚恳的。不可自以为是、心高气傲，应当诚心诚意与对方交流。

7.培养幽默感

在女人眼里，幽默感是男人的一大优点，因此，在适当的时候讲一个笑话，不但能缓解紧张的情绪，而且会增添愉快的气氛。

8.留心倾听

在女人面前，你必须记住这一点：你对她们好奇，她们也对你好奇，你能增加她们的生活情趣，她们也能增加你的生活情趣。因此，仔细倾听，积极回应是你必修的一门课。

另外，不同的人，会有不同的需要。要想打动陌生女人，就得不失时机地针对其不同需要，运用能立即奏效的心理战术。通过对方的眼神、姿势等来推测其当时的心思，再有效地运用，便能很快拉近与她们的心理距离。

第八章

让你的说服对象意识疲倦混乱

善于利用逆反心理

"请不要阅读第七章第七节的内容。"这是一个作家写在其著作扉页上的一句饶有趣味的话。后来，这个作家做了一个调查，不由得笑了，因为他发现绝大部分的读者都是从第七章第七节开始读他的著作的，而这就是他写那句话的真正目的。

当别人告诉你"不准看"时，你却偏偏要看，这就是一种逆反心理。这种欲望被禁止的程度愈强烈，它所产生的抗拒心理也就愈大。所以，如果能善于利用这种心理倾向，就可以将顽固的反对者软化，使其固执的态度发生180度的大转变。

某建筑公司的李工程师，有一次说服了一个刚愎自用的人——一个工头，他常常坚持反对一切改进的计划。李工程师想换装一个新式的指数表，但他想到那个工头必定要反对，于是李工程师去找那个工头，腋下挟着一个新式的指数表，手里拿着一些要征求工头的意见的文件。当大家讨论着关于这些文件中的事情的时候，李工程师把那指数表从左腋下移动了好几次，工头终于先开口了："你拿着什么东西？"

李工程师漠然地说："哦！这个吗？这不过是一个指数表。这是给别的部门用的，你们部门用不到这东西。"

但是工头不死心，又说："我很想看一看。"

当工头审视指数表时，李工程师就随便但又非常详尽地把这东西的效用讲给他听。他终于喊起来："我们部门用不到这东西吗？它正是我想要的东西呢！"

李工程师故意这样做，果然很巧妙地把工头说动了。其实，逆反心理并不是顽固的人身上才有，每个人身上都长着一根"反骨"。

据说明朝时，四川的杨升庵才学出众，中过状元。因嘲讽了皇帝，所以皇帝要把他充军到很远的地方去。朝中的那些奸臣更是趁机公报私仇，向皇帝说，把杨升庵充军海外，或是玉门关外。

杨升庵想，充军还是离家乡近一些好，于是对皇帝说："皇上要把我充军，我也没话说。不过，我有一个要求。"

"什么要求？"

"宁去国外三千里，不去云南碧鸡关。"

"为什么？"

"皇上不知，碧鸡关呀，蚊子有四两，跳蚤有半斤！切莫把我充军到碧鸡关呀！"

"唔……"皇帝不再说话，心想：哼！你怕到碧鸡关，我偏要叫你去碧鸡关！杨升庵刚出皇宫，皇上马上下旨：杨升庵充军云南！

杨升庵利用"对着干"的心理，打破了奸臣的奸计，达到了自己要去云南的目的。

可见，无论男性女性、长者幼小，内心多多少少都带有一些逆反心理，只要善于抓住那一根"反骨"，轻轻一扭，就连皇帝

也难免上当。

逆反心理是人们内心中普遍存在的一种心理状态，利用好这种心理，将会给你带来无穷的妙处。

用谐音掩盖错误

谐音，是指利用语言的语音相同或相近的关系，有意识地使用语句的双重意义，言在此而意在彼。谐音的妙用，在于能让人把话说圆而摆脱困境，甚至化险为夷。因为许多字词在特定场合中，用本音是一个意思，而用谐音则成了另一个意思。

奸臣金盛与薛登的父亲不和，金盛总想害薛登之父但无从下手。一天，金盛见薛登正与一群孩童玩耍，于是眉头一皱，诡计顿生，喊道："薛登，你像个老鼠一样胆小，不敢把皇门上的桶砸掉一只。"薛登把立在那里的双桶砸碎了一只，金盛立即飞报皇上，皇上大怒，立刻传薛登问罪。

薛登却若无其事地嬉笑着问道："皇上，您说是一桶（统）天下好，还是两桶（统）天下好？""当然是一统天下好。"皇上说。薛登高兴得拍起手来："皇上说得对！一统天下好，所以，我便把那只多余的'桶'砸掉了。"

皇上听了转怒为喜，称赞道："好个聪明的孩子！"金盛一计未成，贼心不死，又谗言道："临时胡编算不得聪明。"皇上同意了。

金盛对薛登嘿嘿冷笑道："薛登，你敢把剩下的那只也砸了吗？"

薛登瞪了他一眼，说了一声"砸就砸"，便头也不回，奔出门外，把皇门边剩下的那只木桶也砸了个粉碎。然后不慌不忙地问皇上："陛下，您说是木桶江山好，还是铁桶江山好？"

"当然是铁桶江山好。"皇上答道。

薛登又拍手笑道："皇上说得对。既然铁桶江山好，还要这木桶江山干什么？皇上快铸一个又坚又硬的铁桶吧！祝吾皇江山坚如铁桶。"

皇上高兴极了，下旨封薛登为"神童"。

谐音是一语双关的表现形式之一。在上面这个例子中，薛登之所以能够说服皇上，化险为夷，就在于他巧妙地运用谐音把话说圆了。

一日，小君请了两位要好的朋友到家中小坐，几人猜拳行令，好不痛快，谈及三兄弟友谊，更是情深意笃。小君掏出好烟，一一给两人点上，然后又点上自己的。谁知当他熄灭火柴扭头准备劝酒时，却见两位朋友吊着脸。小君一寻思：坏了！三个人不能同时用一根火柴点烟，因一根火柴点三次火的谐音是"散伙"。

面对这尴尬的场面，小君一笑说："三个人用一根火柴点烟，意思就是三个人用一根火柴点烟是三个人不分你我，仨人一伙。哥们儿，你们说对不对呀！"小君面对尴尬的局面，遇事不慌，巧妙地用谐音解释了词义，反贬为褒，不仅使误会消除了，而且加深了他们之间的友谊。

有时候出错是不好掩盖的，因为欲盖弥彰。这时候需要的是打破那种不快的气氛，让大家都能够释怀。用谐音把话说圆，就是让大家释怀的一种好方式。

用模糊语说尖锐的话

对于一些话题比较尖锐的事情，最好使用模糊语言，给对方

一个模糊的意见，或者多用一些"好像""可能""看来""大概"之类的词语，显得留有余地，语气委婉一些。

例如，当学生在课堂上回答不出问题时，作为老师一般不应这样训斥学生："你怎么搞的？昨天你肯定没复习！"而应当用模糊委婉的语言表达批评的意思："看来你好像没有认真复习，是不是？还是因为有点紧张，不知道该怎么说呢？"而且应当进一步提出希望和要求："希望你及时复习，抓住问题的要领，争取下次做出圆满的回答，行不行？"这样给了学生面子，也能达到好的效果。

在一些交流场合，尤其是在一些比较正式的场合，经常可以碰到一些涉及尖锐问题的提问，这些提问不能直接、具体地回答，又不能不回答。这时候，说话者就可以巧妙地用模糊语言表达自己的意见，让当事双方都不感到太难堪。

阿根廷著名的足球明星迪戈·马拉多纳所在的球队在与英格兰队比赛时，他踢进的第一个球是颇有争议的"问题球"，据说墨西哥一位记者曾拍到了他用手拍球的镜头。

当记者问马拉多纳那个球是手球还是头球时，马拉多纳意识到倘若直言不讳地承认"确实如此"，那对判决简直无异于"恩将仇报"（按照足球运动惯例，裁判的当场判决以后不能更改），而如果不承认，又有失"世界最佳球员"的风度。

马拉多纳是怎么回答的呢？他说："手球一半是迪戈的，头球一半是马拉多纳的。"这妙不可言的"一半"与"一半"，等于既承认球是手臂打进去的，颇有"明人不做暗事"的君子风度，又肯定了裁判的权威。

用模糊语言回答尖锐的提问是一种智慧，它一般是用伸缩性大、变通性强、语意不明确的词语，从而化解矛盾，摆脱被动局面。

一个年轻男士陪着他刚刚怀孕的妻子和他的丈母娘在湖上划船。丈母娘有意试探小伙子，就问道："如果我和你老婆不小心一起落到水里，你打算先救那个呢？"这是一个老问题，也是一个两难选择的问题，回答先救哪一个都不妥当。年轻男士稍加思索后回答道："我先救妈妈。"母女俩一听哈哈大笑，脸上都露出了满意的笑容。"妈妈"这个词一语双关，使人皆大欢喜。

适当重复对方的话

在我们与对方进行语言沟通时，适当重复对方的话，特别是重要的和难懂的话，既可以增强自己的理解程度，体现别人对对方的尊重，还可以对问题和结果进行强化，激发对方对谈话的兴趣。

为使自己能够说服对方，必须给人以信任感，这是不言而喻的。那么，怎样才能让朋友对你产生信任感呢？其实很简单——沟通的过程是最容易获得朋友信任的时候，而沟通过程中能否适当地重复对方的话尤为重要。

很多人都有这样的错误认识，认为总是重复对方的话会显得自己比较啰唆，容易引发他人的不满，其实实际情况并非如此。的确，过多的重复容易给人造成一种错觉，然而要是重复得恰到好处，适当的重复对方说话的重点，那么对方便认为你很重视这次谈话，能够抓住谈话的重点，那样的话，效果就不一样了。

可以说，大部分人对自己的语言都有一种特殊的感情，尤其是在某些情况下经过深思熟虑之后的发言，这类发言对于他们自我满足感来说相当重要，这个时候一旦我们对他人的话不以为意

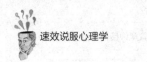

或者不加重视，那么很难让他人对我们有什么深刻的好印象，并且还会把我们纳入一种不能"志同道合"的陌生人的范畴，那样我们就无法和这样的人接触、获得他的好感了，更不用说进行说服工作了。

其实，在这个过程中，我们只要以同样的心情了解对方的烦恼与要求，满足一下他们内心的满足感或者说虚荣心，很容易收到良好的效果。

比如，在与朋友交谈时，当听取了朋友的某种意见时，一面要点头表示自己同意，一面要适当重复对方的话，这样就能让对方感觉受到了重视，从而不由自主地将心里话说给你，将你当作好朋友来接待。

记住：在恰当的时候重复对方说话的重点，这是一种加深他人对我们印象的一种最简单有效的方法。

先退一步，再进两步

在你和他人沟通当中产生观点上的差异，两方各不相让时，如果你是对的，你要坚持自己的观点，说服别人接受，但是我们可以尝试着以一种温和的态度和技巧达到目的。退一步实际上可以让你进两步，这就是以退为进的战术。在说服对方之前先承认自己的错误，这对于大多数人来说很难做到，然而这确实会有助于使对方放松心理警惕，让对方就范。

卡耐基常常不替狗系狗链或戴口罩就带它到公园玩，有一天，他在公园里遇见一位骑马的警察，这位警察呵斥道："为什么让你的狗跑来跑去，不给它系上链子或戴上口罩？你不知道这是违法的吗？"

"是的，我知道，"卡耐基轻柔地回答，"不过我认为它不至于在这儿咬人。"

"法律是不管你怎么认为的。它可能在这里咬死松鼠，或咬伤小孩。这次我不追究，但下回再让我看到，你就必须去跟法官解释啦。"

卡耐基客客气气地答应照办。

他的确照办了——而且是好几回。可是，雷斯不喜欢戴口罩，卡耐基决定碰碰运气。事情很顺利，但好运不长。一天下午，雷斯跑在前头，直向那位警察冲去。

卡耐基不等警察开口就说："警官先生，我有罪，我没有借口，没有托词。你上星期警告我，若是再带小狗出来而不替它戴口罩你就要罚我。"

警察回答声调很柔和地说："在没有人的时候，谁都忍不住要带这么一条小狗出来溜达。"

"的确是忍不住，但这是违法，它可能会咬死松鼠。"卡耐基说。

"哦，你大概把事情看得太严重了，"他告诉卡耐基，"我们这样办吧。你只要让它跑过小山，到我看不到的地方——事情就算了。"

卡耐基没有花很多时间在说服对方放他一马上，他只是抢先道了歉，主动承认了错误，对方就妥协了。凡人都希望得到尊重与重视，卡耐基让那位警察获得了一种重要人物的感觉。

退一步的目的是为了进两步，先表同感是为了进而诱导说服。对方正发表高见时，你不妨频频点头以表同感，使对方感到你与他属同一道上的人，即使你提出或多或少的异议，他也不会在意，于是，你便可以一步步将对方诱入自己的圈套，最后，对方已不知不觉地将自己整个看法推翻。若一开始便与对方唱反

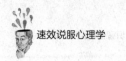

调，反而对自己不利。若有人与你唱反调，不妨以否定自己论调的方式引出对方的赞同。

层递渐进，说服顽固的人

在现实生活中，我们常常需要说服别人，大到思想观念，小到生活琐事。然而，成功地说服别人并不是一件轻而易举的事，因为有时被说服人的思维惯性和既成偏见是相当顽固的。

面对这种情况，我们在进行说服时不必急于求成，可以采用一种层递渐进的技巧来逐步说服对方。所谓层递渐进指在说服时遇到固执的对象，可以先由对方不经意的问题切入，再层层递进，步步深入，从而逐渐引向实质性问题，使对方跟随说服者的思维轨迹渐渐接受说服者所讲的道理。

具体地说，主要有以下四种方法。

1. 由大及小的层层剥离

在说服别人时，可以采用由大及小的方法去分析整理，这是一种由点及面、层层剥离的技巧，可以使被说服者对说服者所持的观点、内容有一个较为深刻、细致的了解，并能减轻对方接受新观点的心理压力，进而心悦诚服地改正错误。

2. 由小及大的招招紧跟

在说服别人时，也可以采用由小及大的方法，分步骤、分阶段去分析事理，这是一种得寸进尺、招招紧跟的说服方法。此法的好处是容许被说服者在接受说服的过程中，存在一个认识过程，获取一些全新的认识。

3. 由此及彼的渐渐推理

如果正面说服别人有一定的难度，不妨暂且远离话题，向对方谈论另一件看起来与之毫不相干的事，再诱导对方归纳出其中蕴含的道理，然后由此理渐渐切入彼理，进行以此类推，最后再回到原来所论之上，这时，对方就只有依常理而服气了。

4. 由远及近的步步深入

要说服某些偏执的人，可以采用以迂为直的策略，先聊一些与实质性问题较远的其他话题，再由远及近一步步进入实质性问题。这种方法的好处是能逐渐拉近双方心里的距离，层层铺垫、步步深入地引导对方，看起来所费的周折大，但却是取得说服成功的捷径。

总之，说服的过程是说服者对被说服者攻心的过程，也是被说服者心理渐变的过程。运用层递渐进的说服技巧，从理论上讲，符合心理学的基本规律，从实践中看，只要运用得恰当巧妙，就能取得理想的说服效果。

【说服心理学实战】

人际交往不会总是一帆风顺的，总会有一些拒绝与被拒绝的事情发生。心理学告诉我们，当一个人明确表示否定时，他的整个身心都会处于十分紧张的收缩状态，这时，他的傲慢、执拗的个性，甚至走向反目的情况随时都会爆发出来。而提出要求遭到拒绝的一方，更会因此而产生紧张和不愉快的情绪。然而，对于不合理要求或无法予以承诺的事情，该拒绝的一定要坚持原则，予以拒绝。但这需要把握一个度，掌握一定的技巧，使自己能轻松愉快地说出"不"字，也能使对方高高兴兴地接受"不"字。

拒绝时应具体说明不能做的理由。在拒绝请求时只是说"我很忙"，很可能会被人说，"那个人不爱帮助别人""求他什么事都是一脸的不高兴"，所以拒绝时要具体说明一下不能接受的理由。

巧妙拒绝时要用些有效的措辞。只是具体说明不能接受的原因是不够的，重要的是要首先说一些表示歉意的话。比如说"实在对不起……""真是过意不去……""我很愿意为你效劳，可是……"

你还应说明自己的能力范围。能力所不及的事，一定不要硬挺，这会招致很糟糕的结果。如果对方仍然把自己的请求强塞给你，你可以把丑话说到前头。但是，最好的原则仍然是：力所不及就不要答应。另外，无论如何也没法接受时，在拒绝他之前要向他提供一些代替的方案。比如，有好几件事需要自己来做，因为时间不允许而无法接受时，也不能说"我不能做"或"不行"，而应该这样说："我正在处理一件急事，等这个结束就帮你，可能会晚些，行吗？"

第九章

抓住兴趣，快速进入对方内心

让对方觉得是自己的意见

每个人对强迫他买什么东西或做什么事情都会感到不快，但如果他认为买这个东西或者做这件事情是他自己的意见，自然就不会感到不快了。

罗斯福当州长时，每当任命一个人担任什么重要职务的时候，他总是邀一些政治活动家共同商讨。当活动家们推荐罗斯福不中意的候选人时，罗斯福便以各种理由否决掉，当他们提出了罗斯福选中的那个人时，罗斯福就对他们的帮助表示感谢，同时宣布对这个人的任命。罗斯福是倾心听取他人建议的。每当罗斯福任命谁担当重要职务时，他总是让政治活动家们感到这是他们自己推选出的候选人，体现了他们的意图。

威尔逊当总统时，爱德华·豪斯上校对美国的内外政策产生过很大影响。威尔逊总统向这位上校征询意见多于自己的内阁成员。

那么，这位上校运用何种手段使得他对总统有如此大的影响力呢？幸好我们对此有些了解，因为有些情况豪斯亲自对阿

瑟·史密斯说过，而史密斯在一篇文章中又援引过他的话。

"和总统关系密切后，"豪斯说，"若想要他相信某个想法是正确的，最好不过的办法就是向他顺便说出这种想法，这样能使他对此感兴趣，使他觉得这个主意是他想出来的。我发现这种办法出乎意料的有效。我曾到白宫极力劝说总统承认他所赞成的政策是不正确的。几天后竟听到总统把我的观点当作他自己的观点说了出来，真使我感到惊讶。"

"这不是您的想法，而是我的想法。"豪斯是否会这样打断总统的讲话呢？当然。他很机智、灵活。他不需要夸奖。他要的是效果。他能使威尔逊总统把他的意见当作总统个人的意见。有时他竟能大声夸耀威尔逊总统的这个意见是正确的。

我们要牢记，每天同我们打交道的人都同样存在着威尔逊总统的这种弱点。因此我们要像豪斯那样为人处世。所以，若想要人们根据你的观点办事，请记住"让别人觉得给他出的主意不属于你，而属于他自己"。

绵里藏针，刚柔并用

绵里藏针、刚柔并用实际上是两种沟通方式，前者注重在客套、礼貌和示弱的言辞中让对方明白自己尖锐的观点，而后者则是通过强硬和温柔并用的方式，让对方不得不服从。

松下幸之助便是一个以柔克刚的高手。有一次，部下后藤犯下一个大错。松下怒火冲天，一面用挑火棒敲着地板，一面严厉责骂后藤。骂完之后，松下注视着挑火棒说："你看，我骂得多么激动，居然把挑火棒都扭弯了，你能不能帮我把它弄直？"

　　这是一句多么绝妙的请求！后藤自然是遵命，三下五除三就把它弄直了，挑火棒恢复了原状。松下说："咦？你的手可真巧呵！"随之，松下脸上立刻绽开了亲切可人的微笑，高高兴兴地赞美着后藤。至此，后藤一肚子的不满情绪，立刻烟消云散了。更令后藤吃惊的是，他一回到家，竟然看到了太太准备了丰盛的酒菜等他。"这是怎么回事？"后藤问。"哦，松下先生刚来过电话说：'你家老公今天回家的时候，心情一定非常恶劣，你最好准备些好吃的让他解解闷吧。'"

　　此后，后藤自然是干劲十足地工作了。

　　松下幸之助不愧是卓越的管理者，批评后藤刚柔并济，自己一直掌握着主动权，既让后藤甘心改过，又让后藤在今后的工作中干劲十足，真是妙啊！

　　正在气头上的人，是难以与他正面争辩的。何况他还有无上的权威支持，那更是老虎屁股——摸不得。然而，"绵里藏针法"每每在这样的关键时刻，能起到逆转乾坤的作用。

　　庄重显力量，风趣显风度。在说服他人的过程中做到既庄重又风趣，可以让对方无力招架，自叹弗如。庄重为绵，风趣为针，则是绵里藏针。

　　"绵里藏针法"的运用常常跟喂小孩子吃苦药的道理一样，要用糖衣包着药片，或者就着糖水送服，招数因人而异，窍门却一通百通。

　　绵里藏针，话里藏话，总体上有两个基本功：一是能够听出对方的弦外之音、恶毒之意，否则便会成为笑柄，白白赔了笑脸；二是要委婉、含蓄地表达自己，话要说得很艺术，让听话之人心领神会，明白你话中的锋芒所在。

隐藏起自己的内心动机

道奇将军曾说，虽然他曾和林肯长时间地探讨过某一问题，可是，几年后，他才知道林肯的真正用意。

当时，道奇是美国西部联邦军队里的一位将军，格兰特将军在东部的波恩特城，道奇在那里住了两个星期，就顺道去白宫拜见总统。

此时，魏尔德涅斯和普陀马克战役刚刚结束，格兰特将军的压力很大。

道奇和林肯谈了一会儿，就想告辞。可是，林肯却打发走了其余的客人，单独把他留了下来，领他到了另外一间屋子里。

道奇开始有点不安了。见此情景，林肯就随手从书桌上拿起一本书。很久以后，道奇才对他人说："他打开那本书，跷起腿，开始朗诵书中的一段话。那篇文章特别有趣，我听着听着就笑了，感觉自己轻松了不少，他见我落入了他的陷阱，便放下书，迟疑着问我最近访问普陀马克军队时有何感想。"

后来，他们共进午餐，林肯知道了格兰特将军及其军队的一切事实和道奇对军队的看法。道奇说："过了许多年，我才明白他的用意。"

"那时，我根本不知道林肯的桌上堆满了要求换掉格兰特，另外派人顶替他的信件。"林肯通过道奇的讲述，在不知不觉间，就得到了所有自己想知道的消息。

史密斯是纽约中央铁路局前任经理。他曾说过："你要让你的行为使人感觉十分自在，他就会自然地给你讲很多事，你就可以探听你想知道的消息了。"

在探听他人的消息时，我们应隐藏自己的真实意图，其实，要做到这一点是十分容易的。

南北战争前夕，道奇曾在伊阿华与林肯见过面。当时，道奇正在密西西比河以西考察太平洋联合铁路。道奇说："林肯找到我，就在太平洋饭店的走廊里向我询问有关密西西比河以西地域的所有情形，一口气问了我两个小时。他这样关切我所担任的工作，这让我感动极了。他说，太平洋沿岸的铁路建造是国家的当务之急。他从我这里套出了很多消息，到后来，我才发觉，我原本应保守的秘密全都泄露给他了。"

所有领袖对这种策略都十分熟悉，也能灵活地运用。他们总是能很巧妙地掩饰自己对某一消息的需要。

一名经常与大人物往来的商人指出，那种在不知不觉中就能打探到他人消息的人最让他佩服。他们只是随口提起他人的名字，或者用几句话引出他人说话的兴致，然后在那儿静静地倾听。

这种方法通常都是十分重要的。有时，我们过度关注自己想知道的东西，反而会败露自己的意图，把事情搞砸。

为达目的，虚张声势

洛克菲勒曾经说过，"虚张声势"这一策略在其成为石油大王的过程中起了很大的作用。那时，他三十几岁，仅凭他那微薄的财力，这位传奇人物设法收购了同行的许多工厂，创建了美孚石油公司，在工商界，这是人所共知的一个伟大的业绩。

谈妥了价钱，准备交涉时常常是关乎生死的最关键的一刻，而洛克菲勒却轻松地处理了这件事。洛克菲勒回忆当时的事是这

么说的："真的，现在想起来都有些好笑，但那时都是十分严肃的。我随手抽出了我的支票簿，以傲然的神气和语调，似乎全然不在乎这件事似的说：'你们想要支票，还是美孚的股票？'结果，他们多数都选择了股票，这正合我意……"

洛克菲勒主动提出开空头支票，显得自己很有经济实力，有实力的人，股票自然会有很好的行情，众人也就选择了他想要的结果。因此，我们应该注意在适当的时候虚张声势。我们都有过虚张声势的行为，大人物也总是使用这个工具。这个方法很有效。它的目的是驾驭他人，人们只需稍微显露一下自己的实力，就能得到众人的敬仰或畏惧。

能干的人会在适当的时机运用这种心理策略，而且将之作为预定计划的一部分。自负的人总是吹嘘他知道的事情，认为这样做很有意思。其实，这是再愚蠢不过的举动。聪明的人也会夸张地说些什么，这样做是为了达到某种特定的目的而已。

德莱思是《伦敦泰晤士报》的主管。库克勋爵曾经巧妙地批评他在采访内部消息时的狂热："德莱思能特别大方地提供一些消息，因为他希望他人也能像他一样大方地提供消息给他。外交家和报馆主笔都知道，他在采集消息方面是有充分的知识的，至少在表面上是这样的。"

有时，虚夸我们的知识也是很好的一种手段。同样，我们可以在说话时带些武断的态度。我们知道，陈述自己意见时，只是习惯性地抱着这种断然态度的人，通常都不能达到自己的目的。但是，能干的人使用强硬的手段往往能唤起他人的信仰。

设身处地替别人着想

我们企图说服对方时，如果不考虑对方的立场，或是找些莫名其妙的解释来搪塞，都会使事情变得更难处理。因此，如果我们想改变人们的看法，说服别人，而不伤害感情或引起憎恨，最好的方法就是：试着诚实地从他人的角度来看事情。唯有如此，你才能取得说服的成功。

一个牧场主养了许多羊，他的邻居是个猎户，院子里养了一群凶猛的猎狗。这些猎狗经常跳过栅栏，袭击牧场里的小羊羔。牧场主几次请猎户把狗关好，但猎户不以为然，口头上答应，但没过几天，他家的猎狗又跳进牧场横冲直撞，咬伤了好几只小羊羔。

忍无可忍的牧场主找到镇上的法官评理。听了他的控诉，明理的法官说："我可以处罚那个猎户，也可以发布法令让他把狗锁起来。但这样一来你就失去了一个朋友，多了一个敌人。你是愿意同敌人做邻居呢，还是和朋友做邻居？"

"当然是和朋友做邻居。"牧场主说。

"那好，我给你出个主意。"法官如此这般交代一番。牧场主连连称是。

之后，牧场主就按法官所说的，一回到家就挑选了3只最可爱的小羊羔来到猎户家里，看到猎户在教三个儿子驯狗，于是说道："瞧您的儿子长得这么可爱，还这么勇敢！"猎户脸一红，说："家里没什么玩的，带他们驯狗也算是玩了，哪里有什么勇敢？"牧场主便顺势将带来的小羊羔送给猎户的3个儿子。看到洁白温顺的小羊羔，孩子们喜欢得不得了。每天放学都在院子里

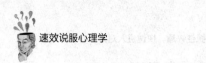

和小羊羔玩耍嬉戏。因为怕猎狗伤害到儿子们的小羊，猎户只好做了一个大铁笼，把狗结结实实地锁了起来。从此，牧场主的羊群再也没有受到骚扰。

为了答谢牧场主的好意，猎户开始送各种野味给他，牧场主也不时用羊肉和奶酪回赠猎户，渐渐地，两人成了好朋友。

法官让牧场主站在猎户的立场上想，他为了孩子们玩得愉快，一定会采取措施不让猎狗出来，而且，将心比心，谁都有犯错的时候，并且肯定不希望被别人批评、指责。所以牧场主明智地接受了法官的建议。

试着去了解别人，从别人的观点来看待事情，就能赢得别人的信任，在说服别人的同时还能减少人际交往的摩擦，使你获得友谊。设身处地替别人着想，了解别人的态度和看法。不但能得到你与对方的沟通和谅解，而且能更清楚地了解对方的思想轨迹及其中的要害点，对准目标，击中要害，就能使你的说服力大大提高。

【说服心理学实战】

有位精明干练的公司经理计划利用现任职位上的客户资源开办一家新公司赚笔大钱。于是他找了两名以前的手下，共商创业的事。他的手下顺利地找到了人手。这位经理却发现，他与这7个新伙伴根本就不认识，他们是否值得信任实在是一个大问题。于是，他想到了每晚分别与一个新伙伴共进晚餐的好办法。席间他除了交代各人的职责，还郑重地向他们表示"我也跟你们一样需要钱"。结果，由于彼此有了共同的目标，这个计划最后终于成功了。

上例中，由于创业伙伴们彼此有着共同的目标，迅速拉近了彼此之间的距离，从而加强了彼此之间的亲密感，建立了互信。换句话说，交流中若能通过交谈，让彼此亲密起来，赢得信任便水到渠成。

在说服对方的过程中，若发现自己与对方有共同点，就算再细微的也要强调。因为人与人之间一旦有了共同点，就可以很快消除彼此间的陌生感，产生亲近的感觉。这样不但可以使对方感到轻松，同时也具有使对方说出真心话的作用。事实上，我们每个人都具有这样相同的心理。例如，两个陌生人一旦发现彼此竟然曾就读于同一所小学，顷刻间就会产生"自己人"的感觉，会立刻打成一片。

因而，在说服他人的过程中，找到一些共同点并进行强调，往往会收到意想不到的效果。

常用"我们"这两个字可以拉近彼此间的距离。我们在听演讲时，对方说"我认为……"带给我们的感受，将远不如他

采用"我们……"的说法，因为采用"我们"这种说法，可以让人产生团结意识。

每次见面都找一个对方的优点赞美，是拉近彼此间距离的好方法。

有一家商店生意非常兴隆，原因就在于他们店里的每一位店员，都不断地与购物的人聊天。他们除了会向客人打招呼，还不断地找客人的优点来夸赞。例如，他们会向一位太太表示"您这件洋装很漂亮"，然后向另一位太太表示"您的发型很好看"。

他们虽然不断地赞美别人，却是按每一位客人不同的个性，选择适当的赞美词。因此很自然的，在这些客人的潜意识中，就会产生到这家商店购物就可以受到赞美的心理，因而越来越喜欢到这家商店。

如果我们每次见面都被人夸赞，自然而然地会想再见到这位赞美我们的人，这是任何人都会有的心理。因此，每次见面都找出对方的一个优点来赞美，可以很快地拉近彼此间的距离。

闲聊自己曾经失败的事比谈自己成功的事，更易拉近彼此间的距离。人们在一起的时候，常会聊一些话题来拉近彼此间的距离。此时若谈自己曾经失败过的事，会比谈自己成功的事，更容易拉近彼此间的距离。因为老是炫耀自己成功的事情，容易让人产生反感，而留下不好的印象。

第十章

摸准心理脉搏，抓住说服时机

把握适当的说话时机

孔子在《论语·季氏》里说："言未及之而言谓之躁，言及之而不言谓之隐，不见颜色而言谓之瞽。"这句话的意思是：不该说话的时候说了，叫作急躁；二是应该说话的时候却不说，叫作隐瞒；三是不看对方的脸色变化，贸然信口开河，叫作闭着眼睛瞎说。

这三种毛病都是没有把握说话的时机，没有注意说话的策略和技巧。说话是双方的交流，不是一个人的单方面行为，它要受到各方面条件的制约，如说话对象、周边环境、说话时间等等，所以说话要把握时机。如果该说的时候不说，时机转瞬即逝，便失去了机会。同样，不顾说话对象的心态，不注意周边的环境气氛，不到说话的火候却急于抢着说，很可能引起对方的误解。如果信口开河，乱说一通，后果就更加严重。所以掌握好说话时机是相当重要的。

没有掌握最恰当的时机说话，不论话的内容有多么精彩，也不会有任何意义。这就犹如一个有着强健的体魄、良好的技艺的

棒球运动员，没有掌握好击球的瞬间，结果挥棒都只是落空。

例如，某学校为两位退休老教师举行欢送会。会上，领导非常得体地赞扬了两位老师的工作和为人。但是，其中那位多次获得过"先进"的老教师得到了更多的美誉。这让另外一位老教师感到相当难过，所以在他讲完感谢的话以后，又接着说："说到先进，我这辈子最遗憾的是，我到现在为止一次都没有得过……"这时，另外一位平日里与他不合的青年教师突然开口说："不，不是你不配当先进，是因为我们不好，我都没有提你的名。"一时间，原本会场上温馨感动的气氛被尴尬所取代。领导看气氛不对，马上接过话说："其实，先进只是一个名义罢了，得没得过先进并不重要，没有评过先进，并不代表你不够先进，我们最重要的还是要看事实……"这位领导本来是想要缓和一下气氛，但是反而使局面更糟糕。

其实，会场的气氛之所以会如此尴尬，最主要的还是退休老教师、青年教师，以及领导他们三人没有掌握好说话的时机。就算自己心里面有多少遗憾，这位退休老教师也不应该在欢送会这样的场合上讲出来。对于那位青年教师，也不应该在这样的场合上为了图一时之快，说一些刻薄的、不近人情的话。领导在场合出现尴尬的时候，也应该极力避开这个敏感话题，而不是继续围绕这个话题唠叨不休。

所以，说话要注意时机，把握说话时机非常重要。我们要在不同的时间、地点、人物面前说合适的话，该说话时才说话，而且要说得体的话。只要我们有充分的耐心，积极进行准备，等待条件成熟，顺理成章地表达自己的观点，不仅能赢得对方的开心，还能令自己舒心。

说服也要"知时节"

培根曾说过："善于识别与把握时机是极为重要的。在一切大事业上，人在开始做事前要像千眼神那样察看时机，而在进行时要像千手神那样抓住时机。"其实，不只在事业上，说服他人的时机也非常重要。

人的心理是客观现实在头脑中的反映，外界的刺激会引起人的心理变化，突然的刺激会导致心理波动。这时人们往往情绪反应强烈，特别是年轻人的情感更为动荡，极易冲动。情感有余，而理智不足，情感的潮水会漫过理智的堤坝，在激情的驱使下会采取事后追悔莫及的过火行为。

说服别人的实质，就是让对方从心理上接受你的观点、思想。如果能抓住情绪已经产生强烈波动，即在将导致不正常行为的时刻予以说服，陈明利害得失，对方就会受到震动，恢复理智，幡然醒悟。而过早地进行说服，会被对方认为神经过敏或无中生有；事过境迁，再去说服教育，易被对方看成"事后诸葛亮"，或秋后算账，这都不能收到好的效果。

要抓住最佳时机，就要善于在人的思想、情绪容易发生变化或可能出现问题的关口及时进行说服教育。一般来说，工作调动、毕业分配、入党入团、家庭事件、婚恋受挫、提职加薪、意外事故、住房分配、子女就业等，人们在面临这些情况时，极容易产生思想波动，这也正是进行说服的好时机，在这种时刻要及时劝导提醒，防患于未然。

再有，个别说服的时机是否恰当，可以通过观察对方的情绪表现进行判断。如果对方心平气和，或者表现出情绪超乎平静的

迹象，这往往说明时机较为合适。如果发现对方表现出反感和对立情绪，我们除应检查谈话方式、方法或自己的观点、态度是否正确，还应考虑谈话的时机是否成熟，及时中止谈话，以免造成不利的结果。这时，我们应积极观察，耐心等待；或者采取恰当措施，创造有利的时机，使说服一举奏效。

实际上，"最佳时机法"所强调的最佳时机，并没有具体标准，也并不限于上面列举中所展示的模式；最佳时机全靠我们在具体情况下从说服的目的出发，针对对方的思想状态和心理特点，自己揣摩和把握。

只要我们具有敏锐的观察力、准确的预测和果断、灵活的思维能力，我们的说服工作就会像杜甫诗句中"知时节"的"好雨"那样，"当春乃发生"，恰到好处地滋润人们的心田。

沉默也是一种心理战术

哲学家说：沉默是一种成熟；思想家说：沉默是一种美德；教育家说：沉默是一种智慧；艺术家说：沉默是一种魅力。我们知道，在人际交往当中，沉默是一种难得的心理素质和可贵的处世之道，当然，任何事情又不是绝对的。

心理学告诉我们，在不同的场合环境中，人们对他人的话语有不同的感受、理解，并表现出不同的心理承受力。正因为受特殊场合心理的制约，有些话在某些特定环境中说比较好，但有些话说出来未必就好。同样的一句话，在此说与在彼说的效果就不一样。因此，说什么，怎么说，一定要顾及说话的环境，如果环境不相宜，时机未到，最好的办法是保持沉默。

日本公司同美国公司正进行一场贸易谈判。谈判一开始，美方代表滔滔不绝地向日商介绍情况，而日方代表则一言不发，埋头记录。美方代表讲完后，征求日方代表的意见。日方代表恍若大梦初醒一般，说道："我们完全不明白，请允许我们回去研究一下。"于是，第一轮会谈结束。

几星期后，日本公司换了另一个代表团，谈判桌上日本新的代表团申明自己不了解情况。美方代表没有办法，只好再次给他们介绍了一遍。谁知，讲完后日本代表的态度仍然不明朗，仍是要求道："我们完全不明白，请允许我们回去研究一下。"于是，第二轮会谈又告休会。

过了几个星期后，日文再派代表团，在谈判桌上故技重演。唯一不同的是，这次，他们告诉美方代表一旦有讨论结果立即通知美方。

一晃半年过去，美方没有接到通知，认为日方缺乏诚意。就在此事几乎不了了之之际，日本人突然派了一个由董事长亲率的代表团飞抵美国开始谈判，抛出最后方案，使人措手不及。

最后，双方缔结了一份明显有利于日方的协议。日方在这场谈判中能获得成功的关键在于一句俗话"会说的不如会听的"，听出门道再开口，而开口便伤对方"元气"，不很高明吗？

在生活中，我们有时故作"迟钝"未必不是聪明人，"迟钝"的背后隐藏着过人的精明。有人推崇一种"大智若愚"型的艺术——意即在商业活动中多听、少说甚至不说，显示出一种"迟钝"。其实这样做的目的是为了获得最大的利益。少开口不做无谓的争论，对方就无法了解你的真实想法；反之，你可以探测对方动机，逐步掌握主动权。这时候的沉默，实际是"实力侦察"。

"话到嘴边留半句，不可全抛一片心""言多必失，语多伤人""君子三缄其口"的古训，把缄口不言奉为练达的安身处世

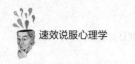

之道。今天，我们亦应谨记这些古训，该沉默时一定要三缄其口。沉默，是一种态度。沉默，是一种特殊语言。沉默，也会赢得百万金。

主动道歉，时机很重要

如果你错了，就要及时承认。与其等别人提出批评指责，还不如主动认错道歉，更易于获得谅解宽恕。凡是坚信自己一贯正确，发生争端总是武断地指责对方大错特错而自己从不认错、道歉的人，根本不能服众。领导者认错不会丢脸，丧失威信，反而有利于维护形象、提高威信。有错就承认，并勇于主动承担责任的领导人，比自夸一贯正确，有错就把责任往下推的领导，更有威信，更深得下级的信赖、拥护、爱戴。

真心实意地认错、道歉，不必列举客观原因、做过多的辩解。就是确有非解释不可的客观原因，也必须在诚恳的道歉之后再略为解释，而不宜一开口就辩解不休。否则，你对自己的错误实际上是抱着抽象否定、具体肯定的态度。这种道歉，不但不利于弥合双方思想感情上的裂痕，反而会扩大裂痕、加深隔阂。

道歉需要诚意，也需要方法。当对方正处在火头上，好话歹话都听不进时，最好先通过第三者转致歉意，待对方火气平息之后，再当面赔礼道歉。有时当务之急不是先分清谁是谁非，而是要求双方求同存异，去克服共同面临的困难或战胜共同的"敌人"。如果双方僵持不下，势必两败俱伤。如果一方先主动表示歉意，就有可能打破僵局，化紧张为和谐，乃至化"敌"为友，双方合作共事。

　　诚心诚意的道歉，应当语气温和、坦诚但不谦卑，目光友好地凝视对方，并多用如"包涵""打扰""指教"等礼貌词语。道歉的语言，以简洁为佳。只要基本态度已表明，对方也已通情达理地表示谅解，就切忌啰唆、重复。否则，对方不能不怀疑你在以小人之心，度君子之腹，唯恐他不谅解。

　　明明没有错，也赔礼、道歉，这不是虚伪吗？不是卑怯吗？不。没有错，有时也需要道歉。如果纯属客观的原因，比如气候变幻无常、意外的交通事故等等，使你失信，给对方带来一些麻烦、损失，为什么不可以道歉呢？一味找客观原因，对方表面上不好责怪，但心情总是不愉快的，那就不利于增进友谊。如果你有事求助于人，对方尽了最大努力，由于受多方面条件的限制，事未办成，但他为此付出了艰巨的劳动。或事虽办成了，但对方付出的劳动，给他带来的麻烦，比你原先预料的要多得多。凡通情达理者，岂能毫无内疚之感，不说几句发自肺腑的道谢兼道歉的话呢？这体现了你对他人劳动的尊重，而且以后有求于他，也好再开口。

　　对方不听你的劝告，闯了大祸，并已给他本人带来了生命、财产的巨大损失。他正沉浸在悲痛之中。此时此刻，你绝不能先急于批评对方的错误，更不能埋怨他不听你的劝告，而应先表示慰问，再加上歉意，因为事先你没有再三极力劝阻。以后，再利用适当的时机、场合，双方共同来总结经验教训。凡通情达理者，一定会对你万分感激，并把你当成可信赖的知心朋友。

　　这些没有错误的真诚道歉，无论在个人、单位的社交活动还是在国家之间的外交往来之中，都是极为正常的表现，所以，我们也要认真加以对待。

把握机会，主动求和

　　工作中，同事之间有不同意见是很正常的，造成误会也是在所难免的。如果有必要，我们可以主动去化解僵局，也许你们会因此而成为好朋友，也许只是关系不再那么僵而已，但至少减少了一个潜在的对手。这一点相当难做到，因为大多数人就是拉不下脸来。要允许别人犯错误，也允许别人改正错误。不要因为某同事有过失，便看不起他，或一棍子打死，或从此另眼看待对方，"一过定终身"。

　　同事所犯的错误有时候会给你带来一定的损害，或在某种程度上与你有关。在这种情况下，能否用一种宽容的态度对待这种"过"，是衡量人的素质的一个标准。原谅别人是一种美德，有时尽管自己心里并不痛快，但也应该设身处地为同事着想，考虑一下自己如果在他那个位置会如何做，做错了事之后又有何想法。

　　小张和小杨合作共同完成一项工程。工程结束后，小张有新任务出差，把总结和汇报的工作留给了小杨。正巧赶上小杨的孩子生病，小杨因为忙于照顾孩子，一时疏忽，把小张负责的工作中一个重要部分给弄错了。总结上报给主管以后，主管马上看出了其中的毛病，找来小杨。小杨怕担责任，就把责任推给了小张。因为工程重要，主管立刻把小张调了回来。小张回来后，莫名其妙地挨了主管一顿训斥，仔细一问，这才明白了是怎么回事，赶快向主管解释，才消除了误会。小杨平时与小张关系不错，出了这事后，心里很愧疚，又不好意思找小张道歉。小张了解到小杨的情况，主动找到小杨，对他说："小杨，过去的事就让它过去吧，别太在意了。"小杨十分感动，两人的关系又近了一层。

其实只要你愿意，你的风度会赢得对方对你的尊敬，因为你给足了对方面子。

宽容大度是一种胸怀，为一点小事斤斤计较、争吵不休，既伤害了感情，也无益于成大事，甚至最后伤害的还是自己。

虽然有的时候，对别人宽容是要以痛苦为代价，因为在办公室中谁都会碰到个人利益受到他人侵害的事情，但是即便在这种时候，你也要闭上嘴巴，管住自己的大脑，勇于接受宽容的考验。当你拥有宽容和大度时，机会也就随之而来了。

某些时候，听到别人的话总觉得刺耳，如果不能原谅他的刻薄，总会忍不住说更刻薄的话。而双方如果都是心胸比较狭窄的人，争论就会不眠不休。多说一句话过把嘴瘾，可能暂时舒服些，但给自己和别人带来的烦恼却常常会维持几天。与其这样，在无关紧要的时候，何不少说一句呢？毕竟，无谓的争论是多余的。

如果你老是抬杠、反驳，也许偶尔能获胜，但那只是空洞的胜利，因为你永远得不到对方的好感。

所说的话深入对方的心

求人办事，得找一个合适的话题，那么怎样才能做到这一点呢？最好的方法就是找准对方的爱好，投其所好，这样就能使自己所说的话深入对方的心，办事自然也就容易成功；反之，可能只会招来对方的厌恶，给自己带来很多麻烦。

一位法律系学生因为律师考试未能通过，只好在一家法律事

务所当职员。按公司规定，试用期间每一个人在一个月内都要拉到一个新客户。可是他刚离开学校不久，又没有任何背景，每次去拜访一些陌生的新客户，不是吃了闭门羹，就是让他回去等消息。

眼看一个月的期限就快到了，他心灰意冷，打算另谋出路。没想到这个时候奇迹出现了，他不但开发出一个新客户，还借着这个客户的引荐，一连吸收了十几个新客户。结果是，他不但没有被炒鱿鱼，反而晋升成正式职员，薪水也连涨好几级，成了该事务所的"超级营业员"。

这个新人到底是凭着什么，找到他生命中的"贵人"呢？下面就是他的一段自述：

"当天，我愁眉不展地踏入那家公司。到了门口的时候，我想到以前吃的几次闭门羹，就更加踌躇不安。忽然，我看到了公关主任桌上的名牌，我想到我有办法了。

"这位主任的名字挺奇怪的，竟然叫作'万俟明'，而我恰好又很喜欢看传统小说，以前在看《说岳传》时，书中有个坏人的名字就叫'万俟卨'。这个人与岳飞同朝为官，但因为岳飞见他时不以礼相待，两人因此不和。后来他便迎合奸相秦桧在朝中一再攻击岳飞，在绍兴十一年时，将岳飞父子下狱治死。有在朝为官者替岳飞申冤，也都被弹劾，这人可以说是个大大的奸臣。

"我看《说岳传》时年纪还小，一看到'万俟卨'三个字，就不知道怎么读，所以我特地查了字典，才知道这三个字的读音。也正是因为这样，我才知道'万俟'这两个字的正确读音（万俟作为姓应读作mò qí）。

"当我一眼看见这人的名牌上写着'万俟明'，我就礼貌地上前称呼他：'万俟先生，我是××法律事务所的职员，今天特地来拜访您。'

"才说完这句话，对方就吃惊地站起来，嘴里结结巴巴地说着：'你……你……你怎么认识我的姓，一般人第一次都会念错，大部分人都叫我万先生，害得我解释了一次又一次，烦死了。'

"我接着说：'这个姓是复姓，又很少见，想必有来源的吧！'

"对方高兴地说：'这个姓可是有来由的，它原是古代鲜卑族的部落名称，后来变成姓氏，拓跋氏就是由万俟演变而来的。'

"我进一步说：'那您就是帝王之后，系出名门了！'

"那位万俟明先生听了以后，更加高兴地说下去：'岂止是这样，这个姓氏一千多年来也出了不少名人。例如，宋代有个词学名家叫万俟永，自号词隐，精通音律，是掌管音律的大晟府中之制撰官，另外写了一本书叫《大声集》。后人都尊称他万俟雅言。'"

就凭着那次愉快的交谈，他开发出一家财团做客户，而这家财团旗下所有的关系企业，全都与事务所签下了合约。

可见，抓准对方的心理，找到共同话题的重要性有多大，连对初次见面的陌生人都应绞尽脑汁地投其所好去寻找话题，那么当我们要求自己的朋友或上司办事时，就更应该注意这点了。

【说服心理学实战】

　　一个参赛的棒球运动员，虽有良好的技艺、强健的体魄，但是他没有把握住击球的"决定性的瞬间"，或早或迟，棒就落空了。同样，一个人说话的内容不论如何精彩，但如果时机掌握不好，也无法达到说话的目的。因为听者的内心，往往随着时间的变化而变化。所以，要对方愿意听你的话，或者接受你的观点，就应当选择适当的时机。

　　时机对说服者来说非常宝贵，但何时才是这"决定性的瞬间"，怎样才能判明并抓住？它并没有一定的规则，主要是看当时的具体情况，凭经验和感觉而定。但这里有一个切入话题时机的问题。

　　交际场合往往会出现这种情况：有的人口若悬河，滔滔不绝，十分健谈；而有的人即使坐了半天，也无从插话，找不到话题。讲话要及时"切入"话题，首先必须找到双方共同关心的基本点。

　　杰克新买了一台洗衣机，因质量问题连续几次拉到维修站修理，都没有修好。后来，他找到商场经理诉说苦衷。

　　经理立即把正在看侦探小说的年轻修理工汤姆叫来，询问有关情况，并提出批评，责令其速同客户回去重修。

　　一路上，汤姆铁青着脸不说一句话。杰克灵机一动，问道："你看的《福尔摩斯》是第几集？"对方答道："第一集，快看完了，可惜借不到第二集。"杰克说："包在我身上。我家还有不少侦探小说，等一会儿你尽管借去看。"

　　紧接着，双方围绕着侦探小说你一言我一语，谈得津津有味，开始时的紧张气氛消除了。后来，不但洗衣机修好了，两个人还成了好朋友。

切入话题除了要注意双方所关心的共同点，还要考虑在什么时候开口最好。

心理学家经过研究发现：在讨论会上，最好是在两三个人谈完之后及时切入话题，这样效果最佳。这时的气氛已经活跃起来，不失时机地提出你的想法，往往容易引起对方的关注。而要是先发言，虽然可以在听众心中造成先入为主的印象，但因过早，气氛还较沉闷，人们尚未适应而不愿随之开口；若是后讲，虽可进行归纳整理，井井有条，或针对别人的漏洞，发表更为完善的意见，但因为太晚，人们都已感到疲倦，想尽快结束而不愿再拖延时间，也就不想再谈了。

在说服人的时候，要特别注意把时机选在对方心情比较平和的时候。因为一些人由于劳累、遇到不顺心或正在把注意力集中在其他事情上时，是没有心情来听你说话的。

尽管场合、时机都与人的心境有关，但是，把人的心境单独提出来，作为一个独立因素仍然是必要的。开口说话之前，应先看看对方的脸色，看了脸色，才决定说什么话。这种所谓"脸色"，不过是心境在脸部的一种表情而已。在人心境不好时，"无所不愁"，心境好时，"无所不乐"；当你与人说话时，必须把这作为一个前提来考虑。

身处逆境，如何摆脱不利局面

请求对方帮忙会赢得好感

卡耐基当时正在圣路易斯的某个地方办理一座刚刚建好的桥的税款问题。事情进行到一半的时候，他的一位至关重要的合作伙伴竟然说想家了，想离开圣路易斯，回匹兹堡去。如果他离开，那么税款的事情也就失败了，无论如何是不能让他离开的。

在这关键时刻，卡耐基想到对方非常爱马，而且很擅长选马。脑中灵光一闪。他没有乞求对方留下来。相反，他请求对方帮他一个小忙，他说，他想给自己的妹妹买一匹马，但是自己不会挑马，希望对方能够帮他挑选一匹好马，先不要着急回家。面对卡耐基的请求，对方果然答应了留下来。

生活中，很多人因为怕引起他人的反感而从不找他人帮忙。其实，这种想法是完全错误的。不知道你注意到没有？当他人拜托你帮个小忙时，你不但不会觉得麻烦，反而会觉得十分高兴。如果对方的请求恰恰是你最拿手的，你不但会心情愉悦，而且还会因此而喜欢对方。不用为此感到怀疑，"请他人帮个小忙"能够获得对方的好感是有其心理学理论依据的。

请求对方帮个小忙，能够满足对方天性中的一种潜在的需要。当你请求他人帮个小忙的时候，实际上是主动将自己放在了一个相对较低的位置，从而抬高了对方，这样就能够满足对方获得他人尊重的心理需求，成就了对方的荣誉感。而你请他帮忙，代表你需要他，这让他感觉到自己被需要、自己的存在很有价值，从而激发起自尊心。

总的来说，你请求他人帮个小忙，能够给对方带来愉悦的心理感受。因此，对于那种自己力所能及或者擅长的事情，对方是不会拒绝你的。

那么，为什么对方帮了你的忙，就会对你产生好感呢？

心理学上有个著名的认知失调理论，也就是说，当个体的行为与自我概念不一致时，就会产生不愉悦的心理体验。

当你无心或有意地伤害了某个人时，就会产生这样的问题："我为什么要这么对他呢？"如果答案是"我很粗心、很糟糕"，那么，你正面的自我感念就与伤害他人的负面行为对立起来，进而产生认知失调；为了避免认知失调的不良感受，你就会为自己的负面行为找一个合理的解释，使之与你的自我概念一致，比如，你会想："他让人讨厌！他活该！"

同样，如果你帮助了某个人，而这个人是你所讨厌的，那么，自我概念和自我行为就产生了冲突，而避免认知失调的合理解释就只能是："我喜欢他，他很可爱！"

由此可见，请求对方帮个小忙，能够让你赢得对方的好感。因此，你大可不必拘谨地拒绝他人的帮助，更没有必要因为害怕引起对方的反感而不敢开口请求对方。

借用幽默摆脱窘境

在日常生活中，常有人由于不慎而使我们身处窘境，或是向我们提一些非分的请求，或是问一些我们不好回答或暂时不知道答案的问题。此时，我们如果直接表明"不满意""不可能"或"无可奉告""不知道"，往往会给彼此带来不快。如果我们想从窘境中脱身而出，不妨借用幽默的力量。

有一次，英国上院议员里德在一篇演讲将近结束时，听众都很认真地望着他，都在倾耳听着每一个字，但就在这时候，突然有一个人的椅子腿断了，那个人跌倒在地上。如果这时做演讲的不是像里德这样灵巧的人，恐怕当时的局面会对演讲产生一种破坏性的影响。但是，聪明的里德马上说："各位现在一定可以相信，我提出的理由足以压倒别人。"就这样，他立刻就将听众的注意力重新转移到了他的演讲，而那个跌倒的人也在别人善意的笑声中，找到了一个新座位。

这个故事给予我们的启迪是：恰到好处的幽默能够使双方都从窘迫的情形中脱身而出，里德就是依靠这一点化解了演讲中的尴尬局面。

如果我们面临不好回答的问题，而又不能以"无可奉告"进行简单的说明，不妨找一个大家都能领悟的笑话来说，可以转移对方的视线。

1972年，在美苏最高级会谈前的一次记者招待会上，有人向基辛格提出了一个所谓的"程序性问题"："到时，你是打算点点滴滴地宣布呢，还是倾盆大雨地、成批地发表协定呢？"

基辛格沉着地回答："你们看，他要我们在倾盆大雨和点点滴滴之间任选一个，无论我们怎么办，总是坏透了。"他略微停顿了一下，接着，一字一板地说："我们打算点点滴滴地发表成批声明。"在一片轻松的笑声之中，基辛格解答了这个棘手的问题。

生活离不开交流，交流必然会产生融洽与对立，一旦身处窘境，面对无礼要求或做不到的事情，就像站在悬崖上，前面是深渊后面是追兵。此时婉言拒绝或摆脱便成了我们必须精通的一种说话方式，而灵活的头脑和幽默的谈吐可以让我们突生翅膀，顺利飞跃到高处，摆脱进退维谷的境地。

避而不答，转换话题

在语言交际中，我们经常会遇到一些令人尴尬的问话，如涉及国家、组织的秘密，涉及个人收入、个人生活、人际关系等问题。对待这样一些提问，如果我们用"不能告诉你"来回答，那会使你显得粗俗无礼，如果套用外交用语"无可奉告"来作答，那又会给提问者造成心理上的失望与不快。总之，对待这样一些古怪的问题，我们答得不好，就有可能给自己套上难解的绳索，使自己陷入十分难堪的泥淖而不能自拔，以致大失脸面。

处于这样的尴尬场合时，就需要具备"顾左右而言他"的语言艺术，从而能使你面对尴尬而峰回路转，取得柳暗花明的效果。

最简单、最直接的做法就是转换话题，比如两个青年去拜访老师，在谈话中提到：

"老师，听说您的夫人是教英语的，我们想请她指教，行吗？"

老师为难地沉默了片刻，说："那是我以前的爱人，前不久分开了。"

"哦！对不起，老师……"

"没什么，喝点水吧。"

"老师，您的书什么时候出版？快了吧……"

这样转换话题，特别是提出对方很愿意谈的话题，就会使谈话的氛围很快恢复正常。

在说话过程中，当对方有意无意地触到我们心中的隐痛、忌讳或者自己不愿回答的问题时，如果一时没有好办法应答，那么，就干脆使在场者的注意力从自己身上挪开。问话者见我方对其问题不予理睬，在尴尬的同时会很快意识到自己的鲁莽和无礼，从而不再追问。

某单位一女工结婚，在单位散发喜糖，刚巧该单位有一位尚未谈对象的33岁的大龄女青年。大家吃着糖，突然一位中年科员笑着对那位女青年说："喂，什么时候吃你的喜糖？"大家都望着那位女青年。那位女青年脸微微一红，把脸转向邻近的一位女同事，然后指着那位女同事身上的一件款式新颖的上衣问："咦？这件上衣什么时候买的？在哪个商店买的？"两个人便兴致勃勃地谈起了那件衣服。

在大庭广众之下问大龄女子何时结婚确实是件很不礼貌的事情。女青年碰到这个尖锐的问题时处境十分尴尬，回答不好可能会引起大家的闲话，再说这事也没必要让大家来参与。于是，她立刻把话题转移到同事的衣服上，借以回避对方的无聊问题。问者受到毫不掩饰的冷落，自然也意识到自己的失礼，没有理由责怪女青年对自己的问题置之不理。

转换话题而言其他，经常会被用于摆脱困窘，但是我们应该尽量圆融地去利用这一方法，以便更加不着痕迹地化解尴尬。

打击、离间你的反对者

在对方是一个利益整体，对我们的意见都不赞同，而且我们很难将其一起说服的情况下，我们可以察言观色，找出他们之间的关键不同之处，并巧以言辞，使对方陷入内斗中，从而找到可乘之机，伺机说服其中的某方，这一招在说服他人的心理策略中往往是最省力的招数，也是最有效的。

战国末年，秦军大举北进，进攻赵国。老将廉颇率赵兵迎敌，秦、赵两军相持于长平。秦兵虽然勇武善战，怎奈廉颇行军持重，坚筑营垒，等待时机与变化，迟迟不与秦兵决战。这样一来，两军相持近两年，仍难分胜负。秦国君臣将士个个焦躁万分，却又束手无策。

秦昭王问计于范雎，范雎早已清醒地认识到问题的严重性，作为出色的谋略家，他很快找到了问题的症结。他对赵国文臣武将的优劣了如指掌，深知秦军若想速战速决，必须设计除掉廉颇。范雎遣一心腹门客，从便道进入赵国都城邯郸，用千金贿赂赵王左右亲近的人，散布流言道："秦军最惧怕的是赵将赵奢之子赵括，年轻有为且精通兵法，如若为将，恐难胜之。廉颇老而怯，屡战屡败，现已不敢出战，又为秦兵所迫，不日即降。"

赵王闻之将信将疑，派人催战，廉颇仍行"坚壁"之谋，不肯出战。于是，赵王轻信流言，拜赵括为上将，赐以黄金彩帛，增派二十万精兵，前往代替廉颇。范雎探知赵国已入圈套，便与秦昭王奏议，暗派武安君白起为上将军，火速驰往长平，并约令军中："有敢泄露武安君为将者斩！"

两军交战，赵军陷于重围达四十六天，粮尽援绝，士兵自相

杀戮以取食，惨不忍睹。赵括迫不得已，把全军分为四队，轮番突围，均被秦军乱箭击退，赵括本人也被乱箭射死。

同样是利用离间计，晏婴成功地除掉了齐景公手下的三名武将。晏婴之所以能利用"二桃"杀"三士"，其原因是他对"三士"的个性修养了如指掌。那就是三个人中没有一个是肯让人的"主儿"，也就是说"三士"中没有一个是性情平和、遇事不怒的，从这一点下手，让他们为了两枚桃子窝里反，都认为自己功劳最大，从而自相争斗，以致一怒之下拔剑自刎。

与对手的较量，不仅是力量的交锋，也是智力的对峙。为了胜利，每一方都会设下各种各样的陷阱，若稍有不慎，便会让你丧生。反过来说，如果能够让对手不知不觉踏入你设下的陷阱，你就能够成为整个棋局的操控者，长久立于不败之地。

主动暴露自己的劣势

恒美广告公司曾经接了一个很棘手的策划案：为一种德国产的小型汽车打入美国市场。要知道，这之前美国人偏爱的都是大型的国内产汽车。然而，在广告播出后的短短时间内，那种德国产小汽车——大众旗下的甲壳虫，就摆脱了原来滑稽可笑的形象，一举成了畅销车型。甲壳虫的成功大部分是依靠优秀的广告策划。令人惊奇的是该广告策划的着手点：他们没有强调汽车的优点，如经济便宜或油耗小；相反的，他们把汽车的缺点暴露给消费者。

毫无疑问，这个广告打破了当时业内的常规做法。它直接告诉消费者，甲壳虫车不符合当时美国人对汽车的审美观。广告语是这样的，"丑只是表面的，它能丑得更久。"不难想象为何这样的广告语会吸引注意力，并受到大家欢迎。但这就能说明甲壳虫日后的畅销不衰吗？为什么这样的广告能卖掉如此多的甲壳虫？

因为提及商品一个小小的缺点能增加广告的可信度。接下来说到商品优点时，比如甲壳虫的经济实惠与节油，人们就更会相信所言属实了。

除了广告策划，还有很多成功运用该策略的案例。吉普·威廉姆斯做过研究，他发现，如果某方的律师向陪审团自暴案件不利点，而不是由对方律师揭露，陪审团则会认为该律师可信度高，最后做出的判决也更有利于他。

此外，想找工作的人也应注意，如果您的履历里全是优点，那您得到面试的概率就会变小；相反，那些勇于揭短的简历主人，获得面试的机会要高得多。

这种说服策略还能用在其他地方。当你的客户想对汽车进行试驾时，最好先告诉他这辆车的缺点，特别是客户不愿自己发现的那些缺点（如汽车后备箱的灯会闪，汽车不是很省油），这会增加他对你和汽车的信心。

谈判桌上也能用到这样的策略。如果你的判断优势不高，但又希望对方能信任你，最好的方法是自己提出不足，而不是等他们从你口中挖出来。销售方面也是如此，如果你向某公司推销彩色复印机，但你的复印机在进纸张数上不如对手的产品，为了取得客户的信任，最好自己说出这个缺点。因为这样客户才更相信稍后谈到的机器优点。

值得注意的是，该策略的运用是有前提的，那就是产品的缺点要瑕不掩瑜。这就是为什么我们看不到这样的公司座右铭："虽然我们在市场调查中位列最差，但只要赢了那场人命官司，我们就会开始努力前进。"

适当使用威胁的力量

一般来说，人们都比较善于自我保护，坚守着一道又一道的防线，不在万般无奈的情况下是不愿意做出让步的。面对这种情况，我们再使用温情脉脉的那一套方案可能不会太起作用，这时我们可以尝试一下使用威胁的力量。

如果你使用威胁的手段，触及对方更大的利益，这样能逼他放松防线。这是用威胁使对方产生恐惧感，从而达到说服目的的技巧。很多人都知道用威胁的方法可以增强说服力，而且还不时地加以运用。

一个被单独监禁的犯人在牢房里无聊地走来走去，突然间，他闻到了一股再熟悉不过的香烟味。犯人通过门上的小孔，看到守卫正在走廊里惬意地抽着香烟。这一幕强烈地刺激着他的每一根神经，他的烟瘾犯了。

为了要根香烟，他急迫地敲着房门。守卫慢慢地踱步过来问："你要干什么？"犯人回答："求求你，我想要支香烟。"守卫并没有理会犯人的要求，立刻转身离去。犯人用右手重重地敲打着房门。守卫一边吞云吐雾，一边转头问道："你又想要什么？"犯人回答道："谢谢你，请你在30秒内给我一支烟。如果超过这时间，我立刻就撞墙。监狱警官把我从血泊中救醒后，我肯定会说是你干的。也许他们不会相信我，但是你也得想想你的遭遇，你会被一次又一次地问话，需要写一篇又一篇的报告来澄清你与此事无关。或许你不在意这些，但是如果你给我一支烟，这些无谓的烦恼都会在我点燃香烟之后烟消云散，并且，我答应你绝不再添任何麻烦。"最后，守卫不得不从房门的小孔中塞了一支香烟给他，并且为他点上火。

在身份差别如此悬殊的情况下，犯人通过运用威胁的手段使自己的需求得到了满足。当然，生活中不会有这么多"鱼死网破"的场景，也没必要。不过，我们还是可以通过不同程度的威胁来达到说服的目的，但要注意在说话时掌握好分寸，千万不要因为说了威胁性的语言而把事情搞僵。在这一点上，要争取做到收放自如，威胁的话如果说得太过分，可能会激怒对方，导致说服不成，反而还会造成更严重的不良影响。

以利害关系让对方就范

如果我们在说服他人时，努力告知对方，我们是在从对方的利益出发，就能快速达到说服目的。通常在我们试图说服一个人时，对方常常会在潜意识里认为这跟自己并没有什么利害关系，如果能够充分理解这一点，那么想要说服他人就有如探囊取物般容易了。

在英国工业革命方兴未艾时，以发明发电机而闻名的法拉第，为了能够得到政府的研究资助，去拜访首相史多芬。

法拉第带着一个发电机的雏形，滔滔不绝地讲述着这个划时代的发明，但史多芬的反应始终很冷淡，一副漠不关心的样子。

事实上，这也是无可奈何的事情，因为他只是一个政客，要他看着这种周围缠着线圈的磁石模型，心里想着这将会带给后世产业结构的大转变，实在是太困难了。但是法拉第在说了下面这段话后，却使原本漠不关心的首相，突然变得非常关心起来，他说道："首相，这个机械将来如果能普及的话，必定能增加税收。"

显而易见，首相听了法拉第所说的话后，态度突然有了巨大的转变。其原因就是这个发动机，将来一定会获得相当大的利润，而利润增加必能使政府得到一笔很大的税收，而首相关心的就在于此。

只要了解对方真正追求的利益何在，进而满足他的欲望，便可以达到目的。相对应的，我们在劝阻对方放弃固执、愚蠢、鲁莽、不智的举动时，也可以摆出利害关系，使对方心服口服。

某酒厂的科研部负责人成功研发了新水果酒，为求尽快让产品打进市场，他决定说服厂长批准大量生产。

"厂长，这次的产品绝对能畅销。我都非常喜欢的东西，绝对有市场性。就是这个，用梨汁酿制的白兰地。"

"那种东西谁会喝？喝白兰地的人本来就少，更别说用梨汁酿的白兰地……不行！"

"我认为很可行。用梨汁酿酒本来就不多见，再加上梨子有独特的果香，一定很适合现代人的口味。"

"嗯，我觉得还是不行。"

"我认为绝对会畅销……请您再重新考虑一下。"

"你怎么这样唠叨？不行就是不行。"

以上两个案例，都是试图去说服别人，一个成功了，另一个却失败了，其中很有学问。酒厂的科研部负责人这样的劝说不仅充分显露自己不顾他人立场的私心，还暴露出他打算强迫他人赞同自己的意见。

利己是多数人的"通病"，只要能将这种心理利用起来，说服多半都会成功。因此，无论如何，都应该以对方的利己心理为出发点。

【说服心理学实战】

在有些时候，我们需要尽可能得到所有人的支持，我们必须在压力下，尽量说服在场的所有人，这个时候心理学上的逆境催眠便有了很好的发挥空间。

比如，美国大选期间，各个候选人处于极度压力之下，不仅要说服选民支持自己，还要让支持者愿意去为自己投票。通常情况下，候选人会通过电视、传单和其他媒体为自己大力宣传，当然这是花费不菲的。但真正聪明的候选人，可能也是最后的赢家，因为他们懂得说服艺术，还懂得一些逆境催眠的技巧。

以美国2000年总统大选为例，在选举中，整个美国都在关注着大大小小的竞选演说，单个选民出席与否、支持谁，都会对结果造成很大影响。那么，怎样才能最简单地说服选民去投票呢？其实，只要事先问问选民会不会去投票，为什么会去投票，就能得到答案。安东尼·格林沃德和同事在某次选举前夜做了调查，那些被问到上述问题的人出席率比普通人要高25%。

有两个心理要素在影响他们的行为。

第一，当问到人们是否会做出社会所希望的行为时，他们会觉得必须回答"是"以赢得社会认同。因为社会认为参加投票是每个公民的义务，所以人们很难说出不想去投票、想待在家里看电视这样的话。这就不难理解为何人们回答是否会去投票时，都说会去了。

第二，人们公开称自己会做出社会希望的行为后，为了言行一致，他会去履行这个承诺。

举个例子，一家餐馆通过更改订餐的接待用语，减少了人

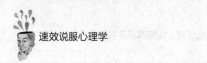

们订了餐最后却没有去的数量。他们把"如您不能前来就餐，请致电我们帮您取消"改为"您若不能前来就餐，会打电话给我们取消吗？"几乎所有的顾客都表示会打电话。更重要的是，一旦说出了这样的话，顾客就会觉得自己有责任履行承诺。因此，餐馆的订餐不到率从30%降到10%。

让支持自己的选民前去投票也一样简单。只要让人给这些选民打个电话，问他们"是否会在下个选举中去投票"，您就等着他们说"是"吧。当然，如果打电话的人再加一句"太好了，我已经记下您的答案了。我会让其他人知道的"，那就更能保证支持者会去投票了，因为这句话有三个能巩固承诺的因素，即承诺的自愿性、活跃性和公开性。

不管您是经理、老师、销售员、政治家或筹款员，我们相信这个说服方法会为您赢得重要的、增加您信心的一票。

第十二章

营造强大气场，让你转败为胜

心怀愧疚之人容易说服

在言语沟通中，反击看上去是一种强硬的手段，其实有时反击也可以很温柔。温柔的反击有时更有效一些，因为不会让对方明显的产生反感和排斥心理，同时又起到了反击应有的作用。

例如，和对方约好了见面时间，对方却来得比约定的时间晚很多，你一定要特意强调"没事，我不太在意的，也就等了半小时而已"，这样对方会觉得你宽容大度有礼貌，心理上为自己的故意拖延感到愧疚。

美国心理学家曾经通过实验证明，心中怀有愧疚感的人容易被对方说服。他们设计了一个实验，谎称是让被试者操作某仪器，故意引导被试者操作失误，造成现场工作人员被电击晕倒的假象，从而使被试者对该工作人员产生愧疚感，在这之后，被试者对该工作人员提出的无理要求的服从率是通常的3倍。

造成对方愧疚感实际上是一种温柔的反击战术，并且对方一般不会察觉到，因此通常是一种非常有效的战术。

在对方浪费时间时，有时还可以使用另外一种温柔反击的方

法，就是再去占据对方的时间。

比如，当对方说"不好意思，请稍等"，离开一会儿的时候，你就把自己的办公用品在桌子上依次摆开，不慌不忙地开始埋头工作。即使在对方回来之后，你也可以继续工作，装作没发现对方回来，在对方提示你时，再说一句"请稍等一下"，继续工作。这样你也占据了对方的时间，在气势上取得了相对的平衡甚至更大的优势。

在对方占用时间时，如果实在是找不到什么事情打发等待的时间，也可以随便和谁打个电话，最好是那种能聊上工作内容的电话。在对方回来之后，也不要立刻挂电话，让对方再稍等片刻。当对方在等待中听到你并非闲聊的电话时，你也就传达给对方一种信息："我也是非常忙的，没有那么多闲工夫等你"，这样无形中给对方施加了心理压力。

在使用这种温柔反击时，我们必须谨记一条规则：占据对方的时间应该不少于对方占据的时间。如果对方占据了你5分钟，那么你就随便和谁打个电话，再占他5分钟。如果对方占据了你10分钟，那你就夺回这10分钟。这种"立刻还击战术"非常有效。

控制时间是一种有效的招数，如果对方也使用这一招时怎么办呢？立刻起身告辞就是一种有效的温柔反击战术。比如，我们和某企业家在他的办公室谈话，突然他开始接一个电话，这电话似乎会用很长时间。这是我们可以对他的秘书说："XX先生看上去很忙啊，那今天的事情就先这样吧，我们以后联系，现在我还有别的事情要处理。"然后起身告辞。如果对方是故意让你等待，借此打击你的心气，那么这时他应该会很着急，立刻出来见你。即使对方没有出来，由于你已经把告辞理由说得清清楚楚，也不会显得没有礼貌。

先发制人，获取主动权

当强势的说服对象准备刁难你的时候，先发制人常常是个非常有效的方法，让对方还没有展开进攻就不得不开始防御，为自己辩护。"先发制人"重在一个"先"字，贵在一个"制"字。抢先开口，或截、或封、或堵、或围、或压、或劝，明确告知对方免于开口，打断对方的话题，用其他话题岔开。这样就能牢牢掌握主动权，达到自己的目的。

与强势的人交流常常会引起辩论，但辩论不是简单的舌战，更不是街头泼妇骂架，而是进攻与防守综合艺术的运用。顾头不顾尾的蛮攻和忍气吞声的呆守都会造成灭顶之灾。孙子曰："备前则后寡，备后则前寡，备左则右寡，备右则左寡，无所不备，则无所不寡。"在辩论时，为了辨明是非，最经常用也是最奏效的战略就是主动出击，先发制人，因为只有在进攻、进攻、再进攻中才能始终把握主动权。但不能盲目进攻，要掌握进攻技巧，才能取得好的效果。

1986年亚洲大专辩论会上，新加坡国立大学队和中国香港中文大学队展开辩论，辩题是《外来投资能够确保发展中国家经济高速成长》。

中国香港中文大学队为正方，新加坡国立大学队为反方。显然，从命题上看，中国香港中文大学队处于不利地位。因为"确保"一词是个值得推敲的词语，如果把"确保"理解成绝对保证，那么，正方香港大学中文队几乎是无理可辩。

不过，中国香港中文大学队也有高招，他们采取"先发制人、先声夺人"的策略，开场就提出"确保"并不是指百分之百

保证。比如，在中国内地的客车里，广播员常说："为了确保各位旅客的安全，请不要扶靠车门。"这并不是说只要不去扶靠车门，乘客的安全就百分之百得到保证了。

中国香港中文大学率先定义"确保"一词的含义，为自己的论点开辟了广阔的活动舞台，而反方新加坡国立大学队又没有令人信服地证明"确保"就是百分之百地保证，因此，中国香港中文大学就化不利为有利，牢牢把握了辩论场上的主动权，并最终获胜。

可以设想，如果不是采用了先发制人的方法，而是在承认"确保"就是百分之百地保证的前提下与对方辩论，正方很难有取胜的希望。

通过巧妙激将让对方就范

激将法是以语言信息的反作用力作为刺激，激起对方按照说话人的意向说话或回答问题的一种心理效应，也就是俗话所说的"请将不如激将"。在平常生活，或者外交、商务谈判等与对手交涉的场合中，可以适当使用这种方法，以刺激对方做出有利于己方的反应。所以，激将得当可以使你在说服他人时起到"请君入瓮"的效果。

激将法按内容、形式主要分为反语式激将、及彼式激将、贬低式激将三种类型。

1. 反语式激将

反语式激将是以正话反讲，用故意扭曲的反语信息和语气表达自己的意见，以激起对方发言表态，达到预期目标的方法。如下面一家中外合资公司的总裁与一家乡镇企业厂长的洽谈。

厂长："总裁先生的魄力，的确比我们这些乡下佬大得多，简直是一个大如牯牛，一个小如毫毛。这么大的魄力，虽然让我们佩服，但我们实在不敢奉陪，只能回收土地，停止合作。"

总裁："好吧，我再让利一成？"

厂长："不行，按我方投资比例，应当让利两成。"

总裁："行，本公司原则上同意……"

上例中，厂长不说对方"黑心贪利"，而说反语"魄力大"，又以"不敢奉陪"的"哀兵"战术以退为攻，激发对方"就范入瓮"。

2.及彼式激将法

及彼式激将法是以一种推己及人，将心比心的心理效应，激发对方做角色对换，设身处地理解他人的处境。如一位公司总裁想设宴款待一位部门女经理。在市场调研会议结束后他询问女经理："小张经理，肚子饿吗？"女经理客气地摇摇头。总裁知道女下属是不好意思接受宴请，于是他换了一种说法："小张经理，早上出来，怕您等我，我没有来得及吃早饭，只吃了两三块饼干，就来接您了，现在我倒饿了，请您陪我吃点好吗？"女经理听了，欣然点头。这种由己及彼式的激将成功，就正在于由己及彼，再由彼及己的有效心理反应。

3.贬低式激将

贬低式激将是说话人的一种善意贬低他人，促使发话生效，引起互动的言语激将方法。

例如，晚餐的联谊舞会上，一位女宾邀请某中年男经理跳舞，对方以"我不会跳"或"跳不好"来推托。于是女宾就说："哪是不会跳，您八成是'妻管严'，怕跳舞被太太知道，回家后挨整吧？"对方被贬受激，仰头大笑，终于迈出舞步。

这种贬低他人的方法，还可以用于当他人过分谦虚、推功揽

过之时。

某厂改革人事制度，招聘车间主任，工人们都希望一位年轻有为的技术员受聘，但这位技术员觉得不好意思毛遂自荐，表现出犹豫不决的样子。一位老工人当众对他说："我说你呀，厂里花了上万元送你上大学，学了一身了本领，连个车间主任都不敢当，真是窝囊废！"结果一激之下，这个技术员终于揭榜应聘车间主任，果然不负众望。后来，他在一次授奖表彰大会上谈体会时说："厂里出钱培养我，车间的广大工人师傅信任我，我怎么能甘当一个窝囊废呢？"

另外，当你面对一个做事拖拖拉拉、犹犹豫豫难以下决定的人时，你不妨利用下列的语言激他一下，也会见到奇效。比如，"一个有出息的人，不必回家跟老婆商量。""只有能自我判断、毫不迟疑地做出决定的人，才配称为人中之龙。""我听部长说，您可是一个可造之才，所以请您现在就下定决心吧！因为出人头地者绝不迟疑。""要不，这样吧，您现在就先填写这张投保书，如果尊夫人反对您的决定，就请您明天打电话来，我再将这张投保书作废。"这样的话通常会让人失去理智或者痛下决心，当即做出决定。

由此看来，恰当的激将，能使对方按照你的意图做事，从而使你顺利地达到说服目的。

以谬制谬，有力反诘

复杂的人际交往中，我们很可能遇到这样的情况：某些人以蛮横之势，强词夺理，以不正当甚至荒谬的理由来反对我们，阻止我们的行动。

这个时候，我们该怎么办呢？面红耳赤地据理力争，还是默默无闻地任其横行霸道？其实，应变的最好方法是以谬制谬，按照他们的逻辑、理论形成一种说法，去反诘对方。以子之矛，攻子之盾，从而使对方的谬论不攻自破。

从前有个县官既贪财又狠毒，凡是来打官司的人如果不给钱，他就会把他们打得死去活来。当地有个艺人编了一出戏，叫《没钱就要命》。

演出那天，县官也去看戏，他一看这出戏演的是他自己，当时就火冒三丈，没等戏演完，就回到县衙，命令衙役把这个艺人传来审问。那个艺人听说县官传他，就穿着龙袍大摇大摆地跟着衙役去了。县官一见艺人来到，便把惊堂木一拍，喝道："大胆刁民，见了本官，为何不跪？"

艺人指了指身上的龙袍说："我是皇帝，怎能给你下跪？"

"你在演戏，分明是假的！"

"既然你明明知道演戏是假的，为什么还要把我传来审问？"

县官被问得张口结舌，只好眼睁睁地看着艺人大摇大摆地走出县衙。

当你处在窘迫中，面对恶意刁难时，不妨学学故事中的那个艺人，从实际出发，顺着对方的逻辑进行有力反诘，尤其是对小人，更要强悍一点。

我们再来看一下下面在这个案例。

大学生亨利是个很正派的青年，有次他却碰上了一件很尴尬的事情。

一天傍晚，他走进有名的鲨鱼酒吧，只见里面宾客云集，有一张桌子旁，只坐着一位年轻貌美的姑娘。亨利仔细打量了一下，从她华丽的衣着和傲慢的态度，判断她出身豪门，是上流社会的人物。于是他走过去，彬彬有礼地问道："这儿还有人坐

吗？""什么，到阿芙达旅馆去？"没想到娇小姐竟这样大声喊起来。亨利有些慌乱，只好稳住神，继续低声解释："不，不，您弄错了。我只是想问，这张桌子上除了您还有其他人吗？""怎么，你说今天夜里就去吗？"娇小姐的叫声更尖厉了，而且显露出一种受侮辱的激动。

亨利明白了，这绝不是小姐的听觉出了毛病，这显然是她预谋好的举动。她这样喊叫，是使其他人把亨利当成一个寻花问柳的浪荡子。果然，酒吧里的人都转过头来，以愤怒而轻蔑的目光盯住亨利。他被弄得狼狈极了，只好红着脸赶紧到其他桌上找了一个空位子。过了一会儿，娇小姐主动凑到了亨利的桌前，她为亨利叫了杯白兰地，以嘲弄的口吻对亨利说："对不起，刚才我只是想看看您对意外情况的反应。"这回轮到敏捷的亨利大叫了，他说："什么？一个晚上就要100美元？要价太高了！"

想看别人对意外情况反应的娇小姐，这次该自己处理意外情况了。结果她也别无良策，只得在众人鄙夷的目光逼视下，灰溜溜地逃出了酒吧。

故事中，亨利略施小技，使她在众人眼前扮演了一个卖淫者的角色，喝下了自己酿造的一杯苦酒。

对付他人的故意刁难，我们就要以牙还牙、以眼还眼。这种方式虽然有报复的意味，但面对那些对我们充满恶意的人，却可以乘机狠狠地教训对方，有时还会使问题得到解决。所以，该用的时候不妨一用。

后发制人，点出对方缺陷

说服有时是一种耐力战，但更多的时候是一种智力上的较量，如果对方一开始就来势汹汹，把握主动权，让你插嘴的机会都没有，该如何说服对方呢？根据实际情况，我们有时可以采用后发制人的方式来说服，任对方慷慨陈词，我自岿然不动，等到对方锋芒毕露后，再来后发制人，一招致命。

日本某航空公司在和美国一家公司谈判。谈判从早上8点开始就一直被美国人占据主动，他们利用手中充足的资料向日本人展开宏大的攻势，并通过屏幕向日本人详细地介绍、演示各式图表和计算机结果。而日本人只是静静地坐在那里，一言不发。

日本人一言不发的原因很简单，美国公司想进军日本市场，唯一途径就是和这家日本公司谈。手里握有"唯一性"，日本人当然不着急了。

两个半小时之后，美国人关掉放映机，扭亮电灯，满怀信心地询问日方代表的意见。日本代表面带微笑、彬彬有礼地答道："不好意思，您能再说一遍吗？"

美国人沉不住气了："从哪里开始不明白？"

日本代表慢条斯理地说："从你们开始气势汹汹地给我们讲自己认为对的东西开始。我有一点不明白，是你们要进军日本市场还是我们要进军日本市场呢？怎么这么自信，这么气势压人呢？"

美国人傻了眼，一时不知该说什么。他们突然意识到自己手里的筹码并不多。看似翔实的资料只是幌子，最开始还可以镇住日本人，但当日本人从他们的资料中听出所有的一切都要依托日本市场的时候，主动权就向日方倾斜。所以，他们才会沉得住气说出"能再说一遍吗"。

此时的美方代表彻底泄了气。他们再也没有勇气和兴致重复那两个半小时的紧张、混乱的场面。他们只得放低要求，不计代价，只求达成协议。

美方代表是有备而来的，日方代表如果和他们正面交谈，或许很难占到便宜，日方代表索性收敛锋芒，宣称自己什么也不懂，大部分时间选择沉默，只一句"请你再说一遍好吗"就打乱了对方的阵脚，获取谈判桌上的主动。

日方的这种应对方式并不是在所有情况下都适用，故事中之所以能够成功，是因为日方在美方的资料中找到了自己的获胜砝码：自己在日本市场的唯一性。认识到了这点，他们就可以耐下心来装傻，任由美方代表阐述他们的观点。

在日方代表眼中，美国代表是极其心虚的，他们的咄咄逼人、气势汹汹是装出来的。

尤其当日本人意识到自己牢牢把握市场主动的时候，美方的慷慨陈词，就像为在座的每个人奉上的一场表演。日方之所以不点破，一是想"欣赏"一下，二是想磨一下对方的耐性，等到真正想让对方再说一遍的时候，他们就会从精神上垮掉。

谈判中，装强势的方法有很多种，有的依仗自己的国家，有的依仗公司背景，还有的是凭借某个人的名声。其实，这些都是幌子，谈判方之所以选择依靠某一势力，本身就说明他处于弱势，因为弱才去掩饰，实力强还依靠别人？看透这一点，谈判时就会容易很多。

这给我们一个启示：当你和一个看似强硬的对手谈判的时候，不要被表面的强势吓倒，关键要分析谈判筹码的关键因素到底在谁手中。如果在你这边，就大可放下心来，任由对方去表演。只等到最后时刻使出你的撒手锏，点出对方的致命缺陷，大局就会在悄然间向你偏移，胜利也是早晚的事了。

【说服心理学实战】

在社交场合，有时我们会遇到别人有意无意地抢白、奚落、挖苦、讥讽，这时该怎么办？有随机应变能力的人，能调动自己的智慧，化被动为主动，使尴尬烟消云散。"兵来将挡，水来土掩"，你可以视不同的对象选择不同的应付办法。

1.模仿话语

仿照对方讽刺性的话语形式，制造出一种新的说法，将对方置于一种不利的位置上，从而使对方落入"聪明反被聪明误"的自设的陷阱中。

丹麦著名童话家安徒生一生俭朴，常常戴一顶破旧的帽子在街上溜达。一次，一个富翁嘲笑他说："你脑袋上边的那个玩意儿是个什么东西，能算是一顶帽子吗？"安徒生马上回敬了一句："你帽子底下的那玩意儿是个什么东西，能算是个脑袋吗？"对方本想嘲笑安徒生服饰破旧寒酸，不想反被安徒生嘲弄了一番。安徒生仿拟对方的话语形式，改换了几个字词，便辛辣地讽刺了对方的愚蠢卑鄙，空长一个脑袋。

2.以毒攻毒

当对方用恶毒的话攻击你的时候，不妨顺水推舟，借他的话回敬他。

有一个掌柜经常喜欢愚弄人，并常常以此自得。一天早上他正在门口吸着旱烟，看见赶集的大爷骑着毛驴来到门口，于是他就喊道："喂，抽袋烟再走吧！"大爷忙从驴背上跳下来，说："多谢掌柜的，我刚抽过了。"这位掌柜一本正经地说："我没问你呢，我问的是毛驴。"说完，得意地一笑。大爷猛地

转过身子，照准毛驴脸上"啪啪"两巴掌，骂道："出门时我问你这里有没有朋友，你说没有。没有朋友为什么人家会请你抽烟呢？""叭叭"，对准驴屁股又是两鞭子，说："看你以后还敢不敢胡说！"说完，翻身上驴，扬长而去。

这位大爷的反击力相当强。既然你以你和驴说话的假设来侮辱我，我就姑且承认你的这个假设，借此教训毛驴，来嘲弄你自己与毛驴的"朋友"关系。

3.一箭双雕

抓住主要事实或揭露要害，在自己摆脱困境的同时，通过对比指出对方的弱点，置其于窘境。

1988年，美国第41届总统竞选。民意测验表明：8月份前，民主党总统候选人杜卡基斯，尚比共和党总统候选人布什多出十多个百分点。当布什与杜卡基斯进行最后一次电视辩论时，布什的策略是，抓住对方的弱点，揭其要害，戳其痛处，从而让对方陷入窘境。杜卡基斯嘲笑布什不过是里根的影子，并嘲弄式地发问："布什在哪里？"

布什轻松地回答了他的发问："哦，布什在家里，同夫人巴巴拉在一起，这有什么错吗？"

平淡一句，却语义双关，既表现了布什的道德品质，又讥讽了杜卡基斯的风流癖好，置杜卡基斯于极尴尬的境地，可谓是一箭双雕。

4.巧借比喻

巧借对方比喻中的不雅事物，用与此相克相关的事物作比，针锋相对，给他人以迎头痛击。

达尔文提出进化论以后，赫胥黎竭力加以支持和宣传，并与宗教势力展开了激烈的论战。教会诅咒他为"达尔文的斗犬"。在伦敦的一次辩论会上，宗教首领见赫胥黎步入会场，便骂道："当心，这只狗又来了！"赫胥黎轻蔑地答道："是啊，盗贼最害怕嗅觉灵敏的猎犬！"赫胥黎巧借对方所说的狗，引出被克的事物"盗贼"，巧妙地戳穿了宗教首领的丑恶本质和害怕真理的面目。

俗话说，"防人之心不可无，害人之心不可有"。练就随机应变的语言表达功力就很重要。在防卫中运用优雅、得体的语言会让你显得智慧和大度。

用对方软肋瞬间说服对方

说服别人，先透彻了解他

"知己知彼，百战百胜"，战场上如此，说服他人也是如此。在说服对方之前，就必须透彻地了解被说服对象的有关情况，以便有针对性地进行说服。需要了解的内容主要有以下几点。

1. 要掌握对方的性格

不同性格的人，对接受他人意见的方式和敏感程度是不一样的。是性格急躁的人，还是性格稳重的人；是自负又胸无点墨的人，还是有真才实学又很谦虚的人。掌握了对方的性格，就可以按照他的性格特征，有针对性地说服。

2. 要知道对方的长处

一个人的长处是他最熟悉、最了解、最易理解的领域。比如，有人对部队生活熟悉，有人对农村生活比较熟悉，有人擅长文艺，有人擅长语言，有人擅长交际，有人擅长计算等。在说服别人的时候，要从对方的长处入手。这样的话，可以取得以下效果：第一，能和他谈到一起；第二，在他所擅长的领域里谈论起来他容易理解，更容易说服他；第三，能将他的长处作为说服他的一个有利条件。面对一个伶牙俐齿、善于交际的人，在分配他做销售工作时可以说："你在这方面比别人具有难得的才能，这是发挥你潜在能力的一个最好机会。"这样谈既有理有据，又能表明领导对他的信任，还能引起他对新工作的兴趣。

3. 了解对方的兴趣爱好

有人喜欢绘画，有人喜欢音乐，还有人喜欢下棋、养鸟、集邮、书法、写作等，人人都喜欢从事和谈论自己最感兴趣的事物。从这方面入手，打开他的话匣子，再对他进行说服，便容易达到说服的目的。

4. 对方当时的情绪要略知一二

在开始说服之前，要设法了解对方当时的思想动态和情绪。通常，影响对方情绪的因素主要有：一是谈话前对方因其他事情所造成的某种心绪；二是谈话当时对方正集中在某处的注意力；三是对说服者的看法和态度。

5. 了解对方隐藏的真实想法

一个人坚持一种想法，绝不是偶然的，必定有他自己的理由，而且这个理由在对别人做解释的时候，都是符合国家政策、集体的利益或人之常情。但这并不是他的真实想法，他实际上是怕讲出来被人瞧不起，因此难以启齿。如果说服者能真正了解他内心的真实想法，就能有针对性地加以解决。

凡此种种，都要悉心研究，才能有针对性地采取说服的方式。

拐弯抹角，旁敲侧击

说服身份、地位比自己高的人的时候，我们有时需要说一些

不太让人接受但又不得不说的话，这时我们可以尝试使用敲山震虎的说话技巧，使对方闻弦歌而知雅意，欣然接受而又不觉难堪。

一次事故中，主管生产的副厂长老马左手指受了伤被送往医院治疗，厂长老丁来病房看望时，谈到车间小吴和小齐两个年轻人技术水平较强，但组织纪律观念较差，想让他们下岗一事。老马当时没有表态，只是突然捧着手"哎哟哎哟"大叫。丁厂长忙问："疼了吧？"老马说："可不是，实在太疼了，干脆把手锯掉算了。"老丁一听忙说："老马，你是不是疼糊涂了，怎么手指受了伤就想把手给锯掉呢。"老马说："你说得很有道理，有时候，我们看问题，往往因注重了一方面而忽视了另一方面啊。老丁，我这手受了伤需要治疗，那小吴和小齐……"老丁一下子听出老马的"弦外之音"，忙说："老马，谢谢你开导我，小吴和小齐的事我知道该怎么处理了。"

有时候，面对别人，尤其是身份比自己高的人，当他们做出不当行为时，自己不好直白地指出，为了让他们知道自己的过失并加以修正，这种方式是很有效的。

有一次，齐景公的一匹爱马突然病死，他迁怒于养马人，下令将养马人推出去斩首。

在场的晏子听说后，便跪到齐景公面前数落起养马人的"罪状"："大王，您想处死养马人，应该先让他知道自己犯了什么罪才行呀！现在让我来列举他的三条罪状，请您听一听。"

齐景公点头同意，晏子便对着养马人高声说道："你为君王养马，却把马养死了，这是第一条罪状。

"死掉的这匹马，又是君王最喜爱的，所以又增加了一条罪状。

"因为马的死，君王要处死你，这消息如果让老百姓知道了，他们就会怨恨君王，让邻国知道了，他们就会看不起齐国，让君王背上一个重马不重人的恶名，这不是你的第三条罪状吗？

"你犯下如此三条大罪，应该处以死罪。"

齐景公听完这些话，觉得晏子是处处冲着自己来的，遂有所醒悟地说："把养马人放了吧！别损害了我仁爱的名声。"

晏子的话表面上处处顺着齐景公的心意，数落养马人的罪状，实际上字字句句都在讽刺齐景公，从反面申述齐景公的错误，点出杀掉养马人的危害是"积怨于百姓，示愚于诸邻"，劝其尽早打消这一念头。这种蕴含大义的弦外之音，齐景公听出来后，就只好释放了马夫。

齐景公为什么在别人指出自己错误的时候没有勃然大怒，反而诚心接受了呢？原因就在于，给他提意见的晏子并没有说："大王，你不能处死养马人？"而是假借养马人是错误的始作俑者，给他解释大王治他罪的原因，这样做实际上是说给齐景公听的。

敲山震虎的说服法能够减轻被说服者内心的负担，避免了因直接受批评而颜面尽失的可能。所以，故事中，齐景公才会听从晏子的劝说。他的那句"别损害了我的名声"，实际上也是借着晏子的话下了个台阶，婉转地承认了先前的错误。

有时候，明明看出了某人的错误，并不直说，而是拐弯抹角地旁敲侧击，这种方法更能让对方接受。他会明白，你是在给他留面子，而不是故意让他难堪。

将错就错，歪理正说

谁都有说错话的时候，如果在关键的时候说错了话，该怎么

办呢？有时我们可以考虑一下将错就错，歪理正说的方法。

一年夏天，乾隆皇帝带着几个随从突然来到军机处。此时的纪晓岚正光着膀子和军机处的几个办事人员闲聊。其他人老远就看见皇上来了，连忙起身迎上前去接驾。这纪晓岚是高度近视，刚开始没看见走在最后面的乾隆，等他明白怎么回事的时候，乾隆就快到了。纪晓岚心中暗想：如果就这样光着膀子接驾，岂不是冒犯龙颜？干脆一不做二不休，纪晓岚趁着别人不注意钻到桌子底下躲了起来。

这一切，早被乾隆看了个真真切切，他心中一阵好笑，有心想"整整"纪晓岚。乾隆在椅子上坐定，示意其他人都不许出声，很长时间过去了，纪晓岚在桌子底下早待不住了，正好是大夏天，加上厚厚的桌布，把他给热得大汗淋漓。

纪晓岚心中纳闷：怎么进来之后就没动静了？这么长时间了，早该走了，该不是已经走了吧，想到这里纪晓岚压低了嗓门，喊道："喂，有人吗？老头子走了吗？"满屋子的人一听纪晓岚喊"老头子"，心想这一下子可有好戏看了。乾隆听的真真切切，板起脸，厉声喝道："纪晓岚，出来吧。"纪晓岚一听是乾隆的声音，心想：完了，完了，这回可完了，只好无可奈何地从桌子下钻出来见驾。

乾隆一看纪晓岚光着膀子，满身大汗，惊慌失措的样子，心里一阵好笑：纪晓岚人称大清第一才子，居然这般模样。乾隆故意装作生气的样子，大声喝道："大胆的纪晓岚，你不见驾也就罢了，居然还敢说朕是'老头子'，你什么意思？今天你要不讲清楚，朕要了你的脑袋！"

到了这种境地，纪晓岚反倒镇静了许多，一边擦汗，一边苦思对策。忽然他灵机一动，有了主意，不紧不慢地说道："万岁爷请息怒，刚才奴才称您为'老头子'，只是出于对您老人家的尊敬，别无他意。"乾隆一听更来气了："尊敬？好，你给朕说说怎么个尊敬法。"

"先说这'老'字，天下臣民每天皆呼皇上万岁、万岁、万万岁，您说这万岁、万万岁算不算'老'啊？再说这'头'字，家有千口，主事一人，如今皇上便是我大清国的主事之人，是天下万民之首，'首'者头也，因此称您为'头'。至于这'子'嘛，意义更为明显。皇上您贵为天子，乃紫微星下凡。紫微星，天之子也，因此称您为'子'。这便是我称您老人家为'老头子'的原因。"乾隆听完拍掌大笑："好一个'老头子'，纪晓岚你果然是个才子。"

交际场合中，人们难免会有说错话、办错事的时候，但这些又是不可避免的，人非圣贤，孰能无过？这时，该怎么办呢？从纪晓岚身上你应该会有所启发，那就是不要就事论事，顺着一条思路走到底。要及时调整思维，换个角度，另辟蹊径，不但可以替自己打圆场，还能为你的言行平添几分雅趣。这就要靠你的应变能力了，而这种能力又是靠平时培养出来的。因此，要学会多角度分析问题，举一反三，旁征博引，能够自己证明自己的观点，自圆其说，那时，将错就错也就不为错了。

层层剥笋，步步紧逼

面对一时不好解决的问题，可以通过巧妙的问话由浅及深，层层递进，最终解决问题。

有一天，孟子觉得齐宣王有些作为并不能与一个好国君相称，于是对齐宣王说："假如你有一个臣子把妻子儿女托付给朋友照顾，自己到楚国去了，等他回来时，他的妻子儿女却在挨

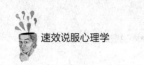

饿、受冻，对这样的朋友该怎么办？"齐宣王不知道孟子的用意，于是非常干脆地回答说："和他绝交！"孟子又问："军队的将领不能带领好军队，应该怎么办？"齐宣王也觉得问题太简单，于是以更加坚定的口气回答："撤掉他！"

孟子终于问道："一个君王没有把国家治理好，又该怎么办呢？"齐宣王这才明白了孟子的意思——国家治理不好，应该撤换国君。虽然他不愿接受这种观点，但是在孟子层层剥笋的巧妙言说之下，也只有接受这种观点了。

这个说服方法就是层层剥笋，步步紧逼。有的人为了让他人接受自己的意见，往往会在最开始的时候问一些看似跟主题无关紧要的话，被问者也是非常不在意地回答，到了最后，当被问者突然意识到问话者话里有话的时候，为时已晚，他已经掉到对方设的陷阱里，爬不出来了。

故事里就是这样，孟子给齐宣王提了三个问题，这三个问题有内在的递进逻辑，与齐宣公的关联程度也越来越深。刚开始齐宣王没有意识到孟子问这些话到底是因为什么，前两个问题的目的性非常模糊，直到最后一个问题提出，他才顿悟：原来，孟子是在用这样的方式提醒我啊。

这种说服法就像剥笋。笋在成为竹子之前，有多层外皮包裹，剥笋时总得一层层地剥开，才能剥到所需要的笋心。所谓层层剥笋，就是在说服他人的过程中紧扣主题，从一点切入，由小至大，由远至近，由浅到深，由轻到重，逐层展开，直至揭示问题的本质，进而达到让对方就范的目的。恰当地运用层层剥笋术，可以使我们的论证一步比一步深入，增强我们语言的说服力量。

说服别人是要讲究技巧的，如果孟子一开始就提出第三个问题，齐宣王非但不会改，反而可能会加罪于他，这就得不偿失。

层层剖析，由浅入深，不但可以在最开始隐藏自己的真实目的，还可以顾及对方的接受程度，慢慢地将对方"吃进"。

制造精神紧张，瞬间慑服

再刚强和难制的人，只要其精神一倒，其意志和雄心便会随之土崩瓦解。这样，你便可以轻松将其制伏。如果对方是你的下属，又不太有服从意识时，有时可以采用震慑对方精神的方法。因为这种方法让人精神恐惧，任何人都会屈服，还能起到杀鸡儆猴的效果。

唐玄宗靠政变上台，所以当上皇帝后也很不安心。宰相姚崇一日和玄宗闲谈，说起内患之事，姚崇叹息说："我朝屡有内部变乱，实由人心散乱、不惧皇威所致。陛下若不整治人心，使人不敢心起妄念，朝廷就很难长治久安啊。"玄宗点头说："依你之见，朕该有何动作？"姚崇进言说："防患于未然，必须早做预见，惩人于未动之时。即使小题大做，也要造成震慑他人的效果。"玄宗示意已知，微微一笑。

不久，玄宗在骊山阅兵式上，以军容不整为由，判功臣兵部尚书郭元振死罪。有大臣进谏说："郭元振是当世名将，屡立战功。如此功臣如今犯小过错，陛下不念旧情就治他死罪，惩罚太重了，也有损陛下贤德之名。"玄宗厉声痛斥进谏之人说："功臣犯法，难道就可以不问吗？有功必赏，有罪必惩，此乃治国之道，朕大公无私，本无错处，你们竟替罪臣求情责朕，莫非你们要造反不成？"群臣吓得再也不敢说话。最后玄宗虽然赦免了郭元振的死罪，还是把他流放新州（今广东省新兴县）。

一次，同为朝廷功臣的钟绍京在面见玄宗时，无故竟被玄宗

训斥说："你为朝廷户部尚书，议事之时却不发一言，是不是有些失职？难道你不顾朝廷安危，准备明哲保身吗？"钟绍京脸色惨变，直呼有罪。事后，姚崇有些不忍，他对玄宗说："陛下重治功臣之罪，已让人心震骇了，陛下的目的已然达到。钟绍京无端被责，臣以为过于唐突，其实不必这样。"

玄宗调笑说："朕依照你的办法，才有这样的举动，你不该出言反对吧？"

姚崇又准备说什么，玄宗却摆手阻止了他，苦笑说："朕也不想如此啊。不过朕也想过，这些功臣都几经政变，实在是政变的行家里手，如果不把他们慑服，谁保他们日后不变心呢？朕折辱他们，也是让群臣心悸，只思自保。朕纵是背上无情之名，也心甘了。"

玄宗把钟绍京降为太子詹事，后来又将他贬为绵州刺史，不久又将他贬为果州尉。后来，功臣王琚、魏知古、崔日用一一被贬，朝中再也无人敢以功臣自居。群臣整日战战兢兢，玄宗这才罢手。

可见，人的精神一倒，他的意志力便会跟着土崩瓦解。再刚强和难制的人，也抵御不了精神的打击；抓住了这一攻击点，也就掌握了人最薄弱的环节。制造精神紧张首先要制造恐怖气氛，在人人自危的环境下，人们总是本能地加倍小心。了解别人的内心想法，也是必不可少的，如果把别人的潜在意图都一一点明，谁都会心惊肉跳，不敢轻举妄动了。

"震慑"作为一种战略思想和心理策略，其实质是通过极大地摧毁或挫败对方的抵抗意志，使他们除了接受你的意图和目标，别无选择。通常，运用这种策略要考虑三个要素：目标，即控制作战对手的意志、感知力和理解力；力量使用，即通过上一要素，使对手完全无力采取抵抗行动；方法，即使对方怯懦、震惊，乃至瘫痪，从而被摧毁。

正话反说，事半功倍

正话反说是一种极端的拐弯抹角，是一种彻底的、迂回的表达方法。在一定的语言环境里，这种方法通过取得合适的发话角度，往往更能拨动人们的心弦，更能表达出强烈的感情，比正面的话显得更有分量。

西汉时期，汉武帝的乳娘犯了过错，汉武帝便让她迁出宫外，以示惩戒。

乳娘不愿迁出皇宫，就找大臣东方朔帮忙，希望他能帮助自己说几句话。

东方朔听完乳娘的诉说后，安慰她说："你如果真不想走的话，就在别人将你带走的时候不断地回头注视汉武帝，千万不可说什么话。这样也许还有一线希望。"

这天，乳娘将要离开皇宫，但她执意要和汉武帝辞行。见到汉武帝后乳娘却什么也不说，只是满眼泪水，回头向汉武帝看了好几次。东方朔故意大声地说："乳娘，你快走吧！皇上现在用不着你喂奶了，还担心什么呢？"

汉武帝一听这句话，如雷击一样，感到十分难过。想到自己是吃乳娘的奶水长大的，她又没有什么大错，就立刻收回成命，赦免了乳娘的罪过。

在这个故事里，东方朔巧妙地利用反语，说汉武帝已长大了不需要她喂奶了，正是借此说明汉武帝是吃着乳娘的奶长大的，汉武帝仅仅因为老人的一点小过错，就将其逐出皇宫，岂不成了忘恩负义之徒了吗？这样东方朔成功达到了规劝汉武帝的目的。

当我们遇到棘手的问题时，采用正话反说的方式，在虚顺实逆、明褒暗贬的语言怪招中，可能会收获正面说理难以出现的奇效。

现实生活也常常存在这样的情况。正面的语言交往已不能进行或难以奏效，也就只好先以反话制人，再找机会平反。

反语的应用不在于多，而在于精，只要能让对方听懂你的意思就可以了。反语规劝还有一个要求，即反语必须幽默风趣，气氛必须轻松，使别人生不起气来，心甘情愿地接受你的规劝。如果你态度生硬粗暴，只会引起对方的愤怒。把握分寸，学会用反语去说服务人，才能免于被动，使你更容易达到目的。

通过吹毛求疵让对方让步

在商务谈判中，谈判者如果巧妙地运用吹毛求疵策略，则会迫使对方降低要求，做出让步。买方先是挑剔个没完，提出一大堆意见和要求，这些意见和要求有的是真实的，有的只是出于策略需要的吹毛求疵。

吹毛求疵谈判方法在商贸交易中已被无数事实证明，不但行得通，而且卓有成效。有人曾做过试验，证明双方在谈判开始时，要求越高，则所能得到的也就越多。因此，许多买主总是运用这种战术，把它当作一种"常规武器"。

有一次，某百货商场的采购员到一家服装厂采购一批冬季服装。采购员看中一种皮夹克，问服装厂经理："多少钱一件？""500元一件。""400元行不行？""不行，我们这是最低售价了，再也不能少了。""咱们商量商量，总不能要什么价就什么价，一点儿也不能降吧？"服装厂经理想到，冬季马上到来，正是皮夹克的销售旺季，不能轻易让步，所以，很干脆地说："不能让价，没什么好商量的。"采购员见话已说到这个地步，没什么希望了，扭头就走了。

过了两天，另一家百货商场的采购员又来了。他问服装厂经理："多少钱一件？"回答依然是500元。采购员又说："我们会多要的，采购一批，最低可多少钱一件？""我们只批发，不零卖。今年全市批发价都是500元一件。"这时，采购员不急于还价，而是不慌不忙地检查产品。过了一会儿，采购员讲："你们的厂子是个老厂，信得过，所以我到你们厂来采购。不过，你的这批皮夹克式样有些过时了，去年这个式样还可以，今年已经不行了。而且颜色也单调，你们只有黑色的，而今年皮夹克的流行色是棕色和天蓝色。"他边说边看其他的产品，突然看到有一件衣服，口袋有裂缝，马上对经理说："你看，你们的做工也不如其他厂精细。"他仍边说边检查，又发现有件衣服后背的皮子不好，便说："你看，你们这衣服的皮子质量也不好。现在顾客对皮子的质量要求特别讲究。这样的皮子质量怎么能卖这么高的价钱呢？"这时，经理沉不住气了，并且自己也对产品的质量产生了怀疑，于是用商量的口气说："你要真想买，而且要得多的话，价钱可以商量。你给个价吧！""这样吧，我们也不能让你们吃亏，我们购50件，400元一件，怎么样？""价钱太低，而且你们买的也不多。""那好吧，我们再多买点，买100件，每件再多30元，行了吧？""好，我看你也是个痛快人，就依你的意见办！"于是，双方在微笑中达成了协议。

同样是采购，为什么一个空手而回，一个却满载而归？原因很简单，后者采用了吹毛求疵策略，他让对方变得理亏，同时又让对方觉得他很精明，是内行，绝不是那种轻易被蒙骗的采购，从而只好选择妥协。

再来看看谈判专家库恩先生是怎样将他的花招带入日常生活中的，他可谓将吹毛求疵演绎到了极点。

有一次，他到一家商店买冰箱，营业员走上前来询问他需要

的冰箱规格，并告诉他该冰箱每台售价为485.95美元。库恩先生走近冰箱左看右看，然后对营业员说："这冰箱外表不够光滑，还有小瑕疵。你看这儿，这个瑕疵好像还是个小划痕，有瑕疵的东西一般来说都是要降价的呀！"

接着，库恩先生又问营业员："你们店里这种型号的冰箱共有几种颜色？可以看看样品吗？"营业员马上引他看了样品。库恩先生看完后选择了现在店里没有的颜色。他解释说："这种颜色与我家厨房里的颜色很相配，而其他颜色则会令人感到不协调。颜色不好，价钱还那么高，如果不重新调整一下价格，我只好另选购买商店了，我想别的商店可能有我需要的颜色。"

库恩先生打开冰箱门看过后问营业员："这冰箱附有制冰器吗？"营业员回答说："是的，这冰箱1天24小时都可为你制造冰块，而每小时只需2分钱电费。"库恩先生听后大声地说："这太不好了！我的孙子有慢性喉头炎，医生说绝对不能吃冰，绝对不可以的。你可以帮我把这个制冰器拆下来吗？"营业员回答说："制冰器无法为您拆下来，这是冰箱的一个重要组成部分。"库恩先生接着说："我知道了，这个制冰器对我来说毫无用处，但是却要我为此付钱，这太不合理了。价格不能再便宜点吗？"

经过他的百般挑剔，冰箱的价格只得一降再降。

库恩先生的百般挑剔，使得营业员把冰箱的价格一降再降。这正是吹毛求疵神奇作用。

所以，如果我们能够在谈判中巧妙地运用吹毛求疵策略，无疑会为自己增益不少。不过，虽然吹毛求疵并不难，但我们一定要注意把话说到位。

【说服心理学实战】

有人戏称谈判是一场顽强的性格之战。因为我们要接触的谈判中的对手可能千差万别，无论经验如何丰富，也很难做到万无一失。因此，对于各种不同的谈判对象，可以视其性格的不同而采取不同的策略。

1.霸道的谈判对手

由于具有自身的优势，这种人常十分注意保护其在所有事情上的垄断权，在拨款、谈判议程和目标上不愿受许多规定性的限制。与这种人打交道，一般应做到：准备工作要面面俱到；要随时准备改变交易形式；要花大量不同于讨价还价的精力，才能压低其价格；最终达到的协议要写得十分详细。

2.死板的谈判对手

这种人谈判特点是准备工作做得完美无缺。他们直截了当地表明他们希望做成的交易、准确地确定交易的形式、详细规定谈判中的议题，然后准备一份涉及所有议题的报价表，陈述和报价都非常明确和坚定。这类人不太热衷于采取让步的方式，讨价还价的余地大大缩小。与之打交道的最好办法，应该在其报价之前即进行摸底，阐明自己的立场。同时，还应尽量提出对方没想到的细节。

3.好面子的谈判对手

这种人顾面子，希望对方把他看作是大权在握、起关键作用的人物。他喜欢对方的夸奖和赞扬，如果送个礼物给他，即使是一个不太高级的礼物，往往也能取得良好的效果。

4.热情的谈判对手

这类人的特点是，在业务上有些松松垮垮。他们的谈判准

备往往不充分又不过于细致。这些人较和善、友好、好交际、容易相处，具有灵活性，对建设性意见反映积极。所以要多提建议性意见，并友好地表示意图，必要时做好让步。

5.犹豫的谈判对手

在这种人看来，信誉第一重要，他们特别重视开端，往往会在交际上花很长时间，其间也穿插一些摸底。与这种人做生意，首先要防止对方拖延时间和打断谈判，还必须把重点放在制造谈判气氛和摸底阶段的工作上。一旦获得了对方的信任，就可以大大缩短报价和磋商阶段，尽快达成协议。

6.冷静的谈判对手

他们在谈判的寒暄阶段表现沉默。他们从不激动，讲话慢条斯理。他们在开场陈述时十分坦率，愿意使对方得到有关他们的立场。他们擅长提建设性意见，做出积极的决策。在与这种人谈判时，应该对他们坦诚相待，采取灵活和积极的态度。

针对以上六种人，有这么几种经典应对策略。

（1）对凶悍派特别有效的方式是引起他们的注意，必须让他们知道你忍耐的底线在哪里。其目的不是惩罚，而是要让他们知道你忍耐的极限。

（2）指出对方行为的失当，并且建议双方应进行更富建设性的谈话，在这种情况下对方也会收敛火气。这时最重要的是提出进一步谈话的方向，给对方一个可以继续交涉下去的台阶。

（3）对于逃避派或龟缩派，要安抚他们的情绪，了解他们恐惧的原因，然后建议更换时间或地点进行商谈，适时说出他们真正的恐惧，让他们觉得你了解他们而产生安全感。这种方法对凶悍派也有效，只要他们产生了安全感，自然也不会失去控制。

（4）坚持一切按规矩办事。凶悍派、高姿态派、两极派都会强迫你接受他们的条件，你应拒绝受压迫，而且坚持公平的待遇。

（5）当对方采取极端立场威胁你时，可以请他解释为什么会产生这样极端的要求，可以说："为了让我更了解如何接受你的要求，我需要更多地了解你为什么会这样想。"

（6）沉默是金。这是最有力的策略之一，尤其是对付两极派，不妨这样说："我想现在不适合谈判，我们都需要冷静一下。"

（7）改变话题。在对方提出极端要求时，最好假装没听到或听不懂他的要求，然后将话锋转往别处。

（8）不要过分防御，否则就等于落入对方要你认错的圈套。应在尽量听完批评后，发出提问："那我们针对你的批评如何改进呢？"

（9）避免站在自己的立场上辩解，应多问问题。只有问问题，才能避免对方进一步的攻击。尽量问"什么"，而避免问"为什么"。问"什么"时，答案多半是事实；问"为什么"时，答案多半是意见，就容易有情绪。